JN235834

赤筆《あかふで》記者走る

新聞の
裏舞台から見た
戦後史

高杉治男著

時空出版

はじめに

赤筆――。赤インクをたっぷり含んだ毛筆のことである。いつも原稿用紙の上を駆け巡る。その筆を持つ整理記者のことを、かつては「赤筆」とも呼んだ。ビッグニュースにぶつかると赤筆君は忙しい。文字通り真っ赤になって走らなければならない。

いよいよ二一世紀、敗戦からでも五六年経つ。二〇世紀にはいろいろなことが起こった。明るい、暗い、悲しい、うれしいこと。それらのニュースは、日本を、そして世界を駆け抜けた。整理記者はそのたびに汗を流した。表舞台の裏の裏で。

新聞に掲載されるニュースはいかなる内容のものも、整理記者の手を経ないで紙面化することはない。ここはひと口で言うと扇の要である。新聞社ではニュースは政治部、経済部、社会部、地方部、外信部、学芸部、運動部など取材部門のデスク（副部長）を経て整理本部に集まる。それを整理記者が価値判断し記事のチェックをする。見出しをつくりレイアウトも行う。いわゆる新聞編集の最終関門である。それだけに責任も重い。うまくいって当たり前、ヘマをすれば大目玉を食らう。お叱りですめばいいが戒告とか減給処分になることだってある。それでいて、この仕事に大いなる誇りを持つのが整理記者である。

私は二三年間、毎日新聞で赤筆を握った。その前と後を含めての五〇余年のビッグニュースの中から「その時、整理記者はかく取り組んだ」を取り上げてみたい。それぞれがすべて歴史のひとコマである。あの大惨事の教訓は生かされているか、心温まるあの感激、惜しまれ逝ったあの人のことなどなど。新世紀に入ったところであらためて心のヒダに刻みなおすのも意義あることではなかろうか。

「旧聞は生きている」と、私は思うからである。

展開する上で、ある〝人物〟を登場させたい。姓は有竹、名は文太。この有竹文太が主人公としてどの場面にも現われる。しかし同一人物ではない。私自身の場合もあるが、多くは毎日新聞の先輩、同輩、後輩である。それら幾人もの整理記者の体験を、有竹文太を通して再現した。記事内容も毎日新聞からのものである（一部で朝日、読売新聞の縮刷版を参考にする）。

世はあげてパソコン時代。赤筆なんてものは過去のものになってしまった。「整理本部」の名称も「編集制作総センター」に変わった。でも、

「赤筆は生きている」と、私は言いたい。

新聞づくりの〝心〟は不滅だからである。

赤筆記者走る

——新聞の裏舞台から見た戦後史——

目次

＊表紙カバーおよび各章トビラの新聞写真は毎日新聞社提供

1

日本敗戦

白い新聞を出した毎日新聞西部本社

一九四五年八月一六日〜二〇日

東久邇宮殿下に
組閣の大命降下

日本敗戦。

一九四五年（昭和二〇年）八月一五日、この日をもって戦争終結、戦後史の幕が開く。その第一ページに毎日新聞西部本社（門司市、のちに北九州市小倉）発行の〝白紙新聞〟を取り上げざるを得ない。毎日新聞はもちろん、日本の新聞界にとってもいまだかつてなかった出来事である。

敗色深まる

「この戦争もいよいよダメだな」

そんな空気が、毎日新聞西部本社編集局内にも、だれ言うとなく重くのしかかっていた。広島、長崎の原爆投下に続き、ソ連参戦がそれを決定的にしていた。しかし、それを口にする者はだれもいない。「神州日本は不滅」を信じたかったからである。

西部本社整理部員、有竹文太もその一人である。

それが、八月一〇日ごろを境にして、微妙な変化が感じられるようになった。八月一三日、毎日新聞社説は「大国民の態度」と題して、ひそかに敗戦の覚悟を訴えた。一〇日に政府が下村宏情報局総裁談で「最悪の事態に立ち至ったことを認めざるを得ない」と発表したのを受けての社説だった。行間をていねいに読むと、敗戦目前が浮かんでくるのであった。五日の社説の「戦争には金輪際負けられぬ」に比べると大転換の内容である。

「如何なる事態に面しても動じない。それが大国民である。大東亜戦争を通じて、すでに反省すべき多くの点のあることが、わが国民自体によって気づかれ、指摘されもした。反省は深刻であるべきだ。しかし決して絶望的であってはならないし、自棄的、狂暴的であってはならない……」

「あの社説をどう思う」

「敗戦は避けられない。それも近日中をにおわせている」

有竹は同僚とこっそり話し合った。

「そうなったら新聞はどうなるかな。責任をとって廃刊ということもあり得るぞ」

「そんなことはないと思うが、かなり厳しい現実に直面すると思う」

そのころである。高杉孝二郎西部本社編集局長（重役待遇）は、すでに降伏決定を知っていた。そして、それが動かぬものと知るや、ただちに辞任を申し出るとともに毎日新聞の廃刊を社長に進言した。

戦争を謳《おう》歌し、扇動した大新聞の責任、これは最大の形式で国民に謝罪しなければならない、というのがその理由である。

本社は解散し、毎日新聞は廃刊、それが不可ならば重役ならびに最高幹部は即時退陣すべき、という案も添えた。

しかし、西部本社編集局長として西部地域に配布する新聞発行の責任はまだ続いていた。一四日、どういう新聞をつくるべきか、東京に指示を求めたが要領を得ない。

「一五日の勅語と必要な告示以外はいっさい掲載しない」

こう高杉局長に進言したのは山路貞三整理部長であった。きのうまで、焦土決戦を叫び続けた紙面を同じ編集者の手で一八〇度大転換させることは良心が許さない。

編集局長と整理部長の心情は一致していた。

有竹文太はその〝大方針〟のもとに新聞づくりに取り組んだ。当時の新聞は東京、大阪、西部ともに二ページだけだった。その第一面に終戦の詔勅、公的機関の発表と事実の推移だけを扱った。これだけでは一面全部を埋めることはできず、最終段（当時の一面は一六段）の半分は白になってしまった。二面（裏面）は一行も入らず白紙のまま発行された。これが一六日付の新聞である。

一七日付も一面は一〇段が記事、残り白。二面は前日と同じように白いまま。一八日付になってやっと一面は記事で埋まったが、二面は二段半ほどの記事であとは白。その後二日間、二面は記事と余白が続いた。実に五日間、異常な〝白紙新聞〟が発行された。

山路整理部長は局長にならい、みずからも辞表を提出した。しかし高杉局長の辞表は受理されたが、山路部長は慰留された。高杉局長はその後、千葉に居住し、地元新聞の幹部に迎えられた。

東京、大阪両本社では新聞の継続・発行方針を確立していた。西部本社だけが違った形になったわけだが、当時の西部は門司—大阪間の専用電話線の故障や不通が続出し、〝孤島〟に近い状況に置かれていた。それが原稿の絶対的不足を招いた。記事を入れたくても入れる記事がないという厳しい現実が続いていたのだ。有竹文太は当時を想起する。

孤島になっていた九州

北九州にはじめてB29、B24の空襲があったのは一九四四年(昭和一九年)六月一六日。当時は日本新聞会の指令で三月六日以後、夕刊はなくなっていた。

相次ぐ空襲で、一九四五年七月一〇日ごろから門司—大阪間の専用電話線はあまり役立たなくなった。このころから原稿不足が目立ってきた。その少し前に、空襲で社屋を焼失した同盟通信関門支局が門司市内にある毎日新聞西部本社二階に編集局を移し、無線電話で記事を受けていた。その同盟原稿に頼らないと紙面制作のできない日が多くなってきた。社説や「硯滴《けんてき》」（現在の「余録」）が同盟の無電に乗せられてくることもしばしば。また福岡総局経由で多少の本社記事が送られてくるが十分とは言えない。

西部本社管内の地方機関からは主として列車便で原稿が届けられるが、検閲のため東京、福岡に回さなければならないものが多い。記事不足のため組み込みたいと思っても、「検閲中」とある文字にあきらめなければならない。

「検閲中とあっても、使ってしまうか。そうでないと白い紙面になるぞ」

「そんなことをしてみろ、発行停止になるぞ」

有竹文太は同僚と、こんな会話を繰り返すことが多くなった。

こういう状態だから、ニュースバリューのことは言っておられず、とにかく二つのページを埋めなければと、そのことで整理部員の頭はいつもいっぱいであった。

「東京本社、大阪本社刷りの新聞はまだ届かないか」

「きょう着いたが一週間も前の新聞だ」

空襲による交通難のため、原稿便が遅れに遅れ、両本社がつくった新聞の中からニュースを拾おうとしてもほとんどが〝旧聞〟となって使えない。それでも時日に関係ない記事をさがして切り抜き、急場をしのぐ。また、とても使えないとしてボツにした写真を持ち出し、大きく扱って埋めるという苦肉の策もとっていた。

広島への原子爆弾投下の八月六日、大阪との通信はプツリと切れた。翌七日もこの状態が続く。九日のソ連軍攻撃開始ニュースに至っては同盟の無電一本に頼るしかなかった。

一四日は日本降伏の発表待ちで徹夜したが、一五日付新聞は平常どおりの時間に配布するようにとの最高方針で、下関、門司地域以外へはなにごともない新聞を送る。一五日午前零時すぎ降版の関門地区だけ「一五日正午に天皇陛下ご放送」という記事を組み込む。

こうして八月一五日を迎えた。

正午の詔勅放送以後は、公的発表とこれに関係する事実の推移以外はいっさい掲載しないという編集局長の方針で、紙面が白くなるのはやむを得ないものがあった。

有竹文太はみずからに言い聞かせた。

「局長命令、部長方針に従う。これ以外に道はない。その時に置かれた環境を度外視するわけにはいかない」

終戦三日後に金子秀三編集局次長が編集局長代理になった。

白紙新聞は新聞の姿勢として、地元の多くから支持される面もあった。しかし終戦当日はいいとしても、いつまでも続けるわけにはいかない。敗戦国日本がどうなるかを国民に知らせる新聞をつくらなければならない。金子局長代理のもとでいろいろ企画もされた。しかし電話連絡さえ十分でない西部本社としては、こうして終戦後も四日間、変則状態が続いた。

デマもとびかう

社内事情だけではない。終戦前後の九州はまさに〝戦場〟で騒然としていた。八月一四日も毎日新聞社付近では防空壕が掘られていた。敵が門司周辺に上陸するといううわさが広がり、毎日新聞社内の女子は北九州二〇キロの外に避難したりした。

「玄界灘の小倉沖には米艦が見え、上陸を始めるだろう」とか「長崎にはソ連が上陸する」というデマが飛びかった。一五日には鹿児島でも占領軍上陸のデマが飛び、知事命令で女子の避難が始まった。九州各地では軍の将校が徹底抗戦を叫んでいる――。このような状況のもと、新聞人の心が揺れていたのも致し方ないものがあった。

敗戦を事前にキャッチ

さて、終戦前後の東京、大阪本社はどうであったか。

一〇日、政府は御前会議におけるポツダム宣言受諾の申し入れを、スイス、スウェーデン両中立国にあっせん依頼することとし、すでに両国へ発信された。これを伝える外電放送は毎日新聞でも傍受していた。しかし社内ではこの情報を知る者は限られていた。

政府は、この受諾申し入れは詔勅が出るまで国内に対しては発表しないことにしていた。毎日新聞東京本社社内でも「極秘事項」となっていたが、一四日にはすべてのベールがはがされた。

九日からの最高戦争指導会議、御前会議、閣議の内容が明らかにされ、戦争継続可否の長論議は戦争終結への結論に到達したとのことである。

毎日新聞紙面も、きのうまでの本土決戦から終戦への一八〇度転換が行われることになった。もちろん、社内的にはこの大転換に二つの対立があった。しかし詔勅が出される以上、この線に沿うべく落ち着いた。

その詔勅は一四日夜遅く首相官邸で発表された。

編集局内は静かだった。というより、押し殺された圧迫感が漂っていた。号泣する者、ペンを折る覚悟を固めているのか黙然とイスにすわる者、部下の肩をたたいて労をねぎらう部長もいた。

整理部員は心で泣きながらも粛々と紙面づくりに取り組んだ。そして夜明けごろまでに敗戦の新聞は刷り上がった。このような形で戦争終結の新聞をつくろうとはだれが想像したであろうか。一五日正午、陛下の詔勅が発表されるまではこの新聞の配達はできない。その二ページ紙面のトップは当然のことながら詔書である。

「朕深ク世界ノ大勢ト帝国ノ現状トニ鑑ミ非常ノ措置ヲ以テ時局ヲ収拾セムト欲シ茲ニ忠良ナル爾臣民ニ告ク……」で始まる詔書は罫《けい》で囲まれ〈聖断拝し大東亜戦終結〉の一段横トッパン。その横に

〈時局収拾に畏き詔書を賜ふ

四国宣言を受諾

萬世の太平開かん

新爆弾・惨害測るべからず〉

その他一面にはポツダム、カイロ両宣言全文、内閣告諭、異例の御前会議、〈過去を肝に銘し前途を見よ〉の社説などが掲載された。また、〈唯民草を慈しみ給ふ・聖恩宏大感激の極み〉〈荊棘の道に敢然・皇国興隆へ新出発〉〈貫き通せ国体維持〉などの関連記事で埋められた。

東京本社では社員会議

一五日正午、陛下みずからの詔勅で、国民の大部分はこの時はじめて終戦を知ったわけである。

その日、毎日新聞東京本社では社員会議が開かれた。時の高田元三郎編集総長は新聞人の責任と自覚を訴え、こういう意味のあいさつをした。

「個人としての感情は異なるものがあっても、国家の公器たる新聞社として、またわが社員としての行動は、大詔に明示された大道を一歩も踏みはずすことがあってはなりません。われわれは戦いには敗れたが、この大きな戦訓を生かして、われわれの時代に皇国の再建が不可能であっても、次の時代において立派にこれができる基礎を築き上げなければなりません。われわれに残された大きな義務であり使命であります。

国民はこれから暗夜の道を行くのであります。暗夜の行路を行く国民に灯火を与えるのは新聞であり、新聞人であると信じます。新聞の責任はいよいよ重大を加え、われわれの任務はいよいよその意義を増します」

大阪も興奮の中に冷静

大阪本社では――。

社内はさすがに興奮していた。しかし編集局は冷静な目でとらえ、整理部もいつもと変わらぬ姿勢で全員配置についていた。

一六日付大阪本社の社会面トップは井上靖報道部員(のちの作家)の原稿で埋められた。

「一五日正午――それは、われわれが否三千年の歴史がはじめて聞く思ひの〝君が代〟の奏でだった……。詔書を拝し終るとわれわれの職場毎日新聞社でも社員会議が二階会議室で開かれた……。一億団結して己が職場を守り、皇国再建へ発足すること、これが日本臣民の道である。われわれは今日も明日も筆をとる！」

新聞人としての決意を力強く叫んでいる。

戦争責任明確化の毎日新聞社

一九四五年一一月一〇日、毎日新聞社は「本社の新発足・戦争責任の明確化と民主主義体制の確立へ」と題する社告を掲載した。

「本社は去る八月末、戦争終結に伴い、重役陣容を更新するほか編集最高幹部の辞職異動を行ったが、さらに全職員の厳粛なる反省に基き新聞の戦争責任明確化と社内民主的体制を確立するため今回社長に全職員の総意に基く上申書を提出した。重役会はその内容を了とし取締役および監査役全員辞任を決定と同時に東京、大阪、西部三社においては各局長以下一斉にその役職を辞任、あわせて理事、参事、副参事の待遇を辞退し、ここに新生再建の第一歩を踏み出すことになった」

という意味の内容である。

「生まれ変わったんだ」

有竹文太は新体制のもと友人と語り合った。

「ああいう形で戦争が終わろうとは思わなかったな。勝つことはむずかしいとは思ったが、負けるとは考えたくなかったからね」

「もちろんだ。撃ちてし止まむ、焦土決戦を叫び続けてきたのだから、国民、読者に対しておわびの言葉もない」

「白い紙面、辛かったね。いまだかつてこんなことはなかった。それを敢えてやったのだから。しかし多くの読者が理解してくれたのはうれしかった」

「極限状態の中で、われわれとしては精一杯やった。それしか言いようがない」

「今思うのは、戦争一色にぬりつぶされた中で、もう少し反骨的になれなかったか、ということだ」

「それは現実的には無理だった。あの軍管理の国家統制下にあっては」

「ここで新聞記者として、大いなる反省が必要だ。時の流れに流されるのではなく、絶えず新聞の果たすべき役割を考え、ある場合は敢然と戦わなければならない」

「二度と〝新聞は何をしてきたのだ〟と言われないためにも自己啓発しなければならない」

「そのとおりだが、その道はけわしいぞ」

「しかしやらねばならぬ。世の中は変わっていくぞ」

「うん、変わっていかなければ。それがわれわれに課せられた使命だ」

有竹文太はみずからに言った。

「オレは生まれ変わったんだ！」


（参考・『毎日新聞百年史』『毎日新聞西部本社史』）

2

皇太子妃に正田美智子さん

社内にも極秘でつくられた八ページ特別夕刊

一九五八年一一月二七日

皇太子妃に正田美智子さん

皇室会議で御婚約きまる

貫く皇太子の情熱

日清製粉社長の長

御婚儀

青年皇太子は昨夏軽井沢のこのテニスコートで初めて美智子さんを知った

一九五八年（昭和三三年）一一月二七日、毎日新聞東京本社編集局内は歓喜の渦に包まれた。皇太子妃取材合戦に大勝利をおさめた喜びである。

皇太子妃とは今の皇后陛下美智子さまのことである。

皇太子さまのご結婚については、これより約八年前からお妃の選考が始まっていたという。各新聞社間の取材合戦も熾烈なものになっていた。その戦いに毎日新聞が、一一月二七日付夕刊で他紙を圧する紙面を読者に提供したのだった。選考過程で、報道陣の血眼の憶測騒ぎに当局は「正式発表まではいっさい書かないこと」の希望協定を各報道機関に求めた。そこで憶測記事こそ表面には出なくなったものの、各社とも深く潜航しながら候補探しの取材に当たっていた。

毎日新聞社は多くの候補者の中から正田美智子さんに的を絞って取材し、当局発表の日には特別八ページの「皇太子妃に正田美智子さん」の別刷り制作を終えていた。

秘密取材は深く静かに潜航

「皇太子妃がどうやら内定したようだな」

「うん、そうらしい。すでに特別取材班では予定原稿を書きつつあるようだ。しかし極秘事項で、われわれのところには情報が入らない」

「その原稿はどこでどう処理されているのかな」

「部長とデスクだけでこっそりやっているようだ」

整理部員の間でこんなやりとりが連日かわされるようになったのは、秋も深まってからだった。〝兵隊〟の有竹文太には情報すら入らない。

「Oさん、あっちの仕事、大分進んでいるようですね」

ある日、文太はOデスクにさぐりをいれた。Oさんは整理部若手デスクとして、部員の間でも評判がいい。切れ味鋭い腕を持つ一方、後輩の面倒もよくみる。酒好きでもあるので後輩に誘われることが多い。よほどのことがないかぎり断ることはない。そんな一杯飲み屋の席でもお妃選びが話題になる。

Oデスクは、また始まったなと困惑の様子で話題を変えようとする。

「いやいや、まだまだのようだ。オレにもわからないよ」

いつもこう言って逃げるOデスクだが、実は後輩の言うとおり、正田美智子さん一本に絞られ関連取材も進んでいる。後輩にウソを言うのは辛い。しかしこれだけはどうしても口にすることはできない。社内の上層部と関係部署の一部にしか知らされていない。漏れたら一大事である。

原稿は整理部の部長とデスク、それも一部のデスクだけで処理することになっていた。

「絶対に口にするな」

「いよいよ皇太子妃は正田美智子さんという日清製粉社長のお嬢さんに決まるようだ。わが社はこれ一本で取り組む。正式発表前に別刷りの新聞をつくることになった。大役を引き受けてくれ。わかっているだろうが、その時までは絶対に口外しないでくれ」

Oデスクは〃密命〃を受けた時のことを思い出す。家族にも秘めていることがらである。

Oデスクは考えた。国民待望のビッグニュースを手がけること、男として、整理記者としてこれにまさる喜びはない。後世まで残る歴史を刻みたい。身の引き締まる思いでその準備にかかった。

本来、新聞づくりは一面から最終面まで整理部がつくる。整理部を経ないで活字化することは絶対にない。

整理部は部長（のちに本部長、およびそれを補佐する次長制に変わる）、副部長、部員で構成されるが、部長は直接新聞づくりにはタッチしない。副部長をデスクと言い、このデスクと部員の間で毎日毎日の新聞がつくられていく。そのデスクと部員は硬派と軟派に分かれる。

硬派とは、政治、経済、外信（国際）面などを担当し、軟派は社会、学芸、運動面などを主として担当する。日常の新聞はこの体制でつくられていくが、お妃選びに関する記事だけは「お妃選び特別班」にまわり、一般部員はノータッチだった。それほど内部的にも厳しい〝緘口令《かんこう》〟が敷かれていた。

まず四ページ、さらに四ページ

この取材に、社会部は宮内庁記者のほか敏腕記者(七人、うち女性二人)を配し、Yデスクがそのまとめに当たっていた。正田美智子さんに絞るまでには曲折もあったようだ。持ち寄った情報をもとに絞っていったが、ギリギリの段階まで美智子さん以外の候補を主張した記者もいた。最終的に「美智子さんでいく」が決まると同時にこれに向けての取材が水面下で進められ、原稿は書き進まれていった。

大詰めが近づいた。一一月に入って間もないある日、重大情報を取材班は入手した。彼らが陣取る特別室は急に慌ただしくなった。それはそのまま整理の特別グループに伝わる。原稿出稿である。いよいよ整理の出番だ。秘密の部屋でこの作業は熱気を帯びていった。

ここに問題がある。秘密作業は、おおっぴらにはできない。その日の朝刊作業がすんでからでないとできない。作業現場の活版部でもデスクなど限られた人以外の目にふれてはまずい。どうしても真夜中から夜明けにかけての作業になる。

まず四ページの特別夕刊ができた。これでいつ「皇太子妃決定」の発表があっても圧勝できる。取材グループも整理もそう思った。しかしOデスクはちょっと気になった。そこで先輩のMデスクにある考えを持ちかけた。

「皇太子妃決定は世紀のビッグニュースです。しかも伝統を破って民間から選んだということは未曾有のことです。あと四ページ増やすことはできませんか」

「うん、そのとおりだ。オレもさっきからそのことを考えていた。すぐに社会部に言ってみよう」

ベテランと新鋭の両デスクの意見は一致した。取材班にその考えがまわるのに時間はかからなかった。

「整理から増ページの話がある。どうかな」

Yデスクは取材班会議にかけた。

「四ページでいいじゃないですか。このほかに当日の本紙紙面でもデカデカと取り上げるのだから」

「せっかく整理が言ってきた。あと二ページ増というところでは」

「整理の案でいきましょうよ。ネタはいっぱいあるしすぐに動けます」

取材班では三つの案に割れた。いずれも〝つわもの〟ぞろい。言い出したら引っ込まない連中だ。しかし結論を急ぐ。

「ここまできたらどーんと八ページにしよう」

Yデスクは決断した。そして残り四ページづくりに社会部も整理部も汗を流すことになった。

水面下の作業といってもここまでくると、なんとなくにおってくる。有竹文太がOデスクにさぐりをいれたのもこのころである。だが、におい以上のものは文太らにはつかめなかった。

深夜から未明の作業

秘密作戦は写真部でも着々と進められていった。特別夕刊には写真もたくさん必要である。その写真を選び、焼き付けして整理部に渡す。これがまた一苦労である。暗室を使うにも、みんな寝静まってからでないとできない。東京本社用だけでなく、大阪本社、西部本社、中部本社（名古屋）の西三本社と北海道発行所（札幌、のちに支社）向けに、東京と同じものを焼き増しする。一般写真部員が出勤してくる前にこの作業を終える。あらかじめ計算した枚数と実物が一致するか慎重にチェックする。一枚でもどこかに紛れ込み、担当者以外の目にふれることは許されない。神経を使わざるを得ない。Sカメラマンは黙々と続けた。

整理特別班は忙しい。原稿に赤筆を入れ、見出しをつけレイアウト。これを一気にやらなければならない。それと西三本社などへの連絡も極秘裏に進める。西三本社もそれぞれ特別グループをつくり、東京の進行に足並みをそろえる。写真原稿は写真製版部へ渡す。ここでもデスクとか担当部員以外には知らされていない未明の作業になる。

こうして残り四ページも組み上がった。当時はすべて鉛《なまり》活字である。一ページの大きさのものを崩れないようにひもでしっかり結び、棚に保管する。八ページともなると目立ちやすい。平常使わないある場所にそっと置かれた。それぞれのページの上には大刷りに使う紙一枚を乗せ、担当者以外は手にふれることができないようにした。

仕上がった八ページはそれぞれ大刷りして、整理と取材の秘密グループに渡される。大刷りとは一ページ大に組み上がったものを手で試し刷りすることで、これに直し、加筆、削りを入れる。通常と違ってこの枚数は厳しく数えられた。この一枚でも洩れないように、配った枚数、直した枚数をチェックした。そしてあとは紙型《しけい》どりを待つだけとなった。紙型どりとは組み上がった版を厚紙にとることで、これに鉛を流し鉛版《えんばん》にして輪転機にかけることになる。

一一月中旬になっていた。ちょうど時を合わせたかのように、ある週刊誌が正田美智子さんの名を出した。決定的なものではないが、報道界は揺れた。報道協定で各新聞社とも推測記事はいっさい表にしなかっただけにこの記事の真否をただそうとした。

正田家には各社の記者、カメラマンが殺到し、美智子さんが外出するとその車を追いまわす騒ぎになった。母校の聖心女子大学に車を入れた美智子さんはそこを出るに出られず困り果てた。

それを知った小泉信三東宮教育参与が、各社に「近々のうちに発表になるから、それまでそっとしておいてくれ。学校から引き揚げるように」とのことで各社とも了承した。そして正式に発表の日まで報道を控えることになった。

毎日新聞社としては、すでにでき上がっている八ページ特集を一気に表に出すべきだとの声もあったが、協定を尊重して手のうちは見せなかった。この一件は、裏を返せば正田美智子さんに決まった、あとは皇室会議を待つだけということを物語っているものであった。隠密作戦を展開してきた関係者にとっては、絶対有利にある「今こそ」と、はやる気持ちは強かったが自重した。

こうして一一月二七日を迎えた。

「皇太子さまのご結婚について、二七日皇室会議が開かれた結果、正田美智子さん（東京品川区五反田五の六〇）との間にご婚約がまとまった」

宮内庁から正式に発表された。この発表と同時に解禁である。毎日新聞社ではこれより先に別刷り特集八ページを刷り終わり、毎日新聞専売店、あるいは地方支局に発送をすませていた。他紙も号外を発行したが、内容は追随を許さぬものだった。

海外旅行中の美智子さんを取材

その中身にふれてみよう。

一面は左右いっぱい二段の横見出しで

〈皇太子妃に正田美智子さん
　皇室会議で御婚約きまる〉

これを受けて

〈伝統を破り民間から
　日清製粉社長の長女〉

の六段見出し。さらに

〈貫く皇太子の情熱〉

の大見出し。写真は婚約発表約三カ月前、皇太子さまと美智子さんが並ぶ軽井沢テニスコートでのほほえましい一コマ。縦七段で大きく扱う。

ご婚約に至るまでの経過、美智子さんのプロィール。ご婚約までの段取りなど。次のページでは正田家（館林市）の古い家柄と家系図。そして、宮廷記者三八年の藤樫準二記者が、〈八年間、苦心の選考〉と題して、ベテラン記者らしくたんたんと綴る。

さらにページは進む。ここでは〈魅力に満ちた美智子さん〉の横見出しで、小さな動物が好き、疎開中のこと、教室でのこと、お料理、エチケットのことなどにもふれる。その見出しも

〈お台所にも気軽く

　控え目でいつもグループの中心

　　やさしく光る〝お月さま〟〉

と、お人柄がにじみ出る内容。その隣には〈決定前に欧米の旅〉と題した毎日新聞三特派員のO、S、Tがとらえた美智子さんの素顔と人間修行の旅。美智子さんはご婚約決定前、ブリュッセルで開かれた聖心国際同窓会に日本代表として出席するため九月三日に東京を後にした。五四日間の世界旅行、ローマ、パリ、ロンドン、ニューヨークでの美智子さんをありのままに報じてきた。ブリュッセルでは鮮やかな英語の即席演説が人気をさらったとか、行くさきざきの国の人との交わりは彼女の視野を一段と大きくする役割を果たしたという記事だった。〝皇太子妃美智子さん〟に的を絞った毎日新聞ならではの記事であった。

社会面に相当するページでは〈ほのぼの青年皇太子の恋〉を取り上げた。「皇太子さまの深

い愛情があった。美智子さんはこれにこたえた。社会のどこにでも見られるごく平凡な、美しい結び合いであった」という構成である。〈思い出を電話一本に・この夏別れてから百日間〉の記事もほほえましい。このページに使った写真は軽井沢のテニスコート近くにある喫茶店前でのもので、学友を交え美智子さんと語らう皇太子さま。ごく自然なムードが漂っている。

グラフ面は左右見開きの二ページ。右ページに〈すこやかな生い立ち〉として八枚の組み合わせ――生後九カ月のころ、七五三の晴れ姿、クリスマスパーティ、テニスコートでの正田一家、高校卒業記念撮影、聖心女子大学一年生、スキー場で、運動会で、といったものなどなど。

左ページは〈ことしの思い出〉七枚――ブリュッセル万国博覧会で、欧米の旅から帰って出迎えの人に手をあげにっこりこたえて、九州旅行・長崎平和像の前で、その他、水郷にグループでピクニックに行った時のスナップなど。

また〈幼いころからの作品集〉のページもある。クレヨン画から、さらに中学二年の冬に友人の誕生祝いに贈った「小菊の花」の絵、大学四年の正月に学友会雑誌へ寄稿した「アンリー・ルソーの絵画論」、親しい友人にクリマスプレゼントした刺しゅうなど。

そして〈おめでとうございます・縁故の人々のお祝い〉ページ。まず皇太子さま側として、乳人《めのと》、看護婦をつとめた方々、英語を教えたエスター・B・ローズさんらが登場する。美智子さん側は小学校、中学校の先生、聖心女子大学学長、聖心女子学院幹事、料理の先生、正田本家の当主、正田家の元女中さんら。本家の当主正田文右衛門さんは「人気者ミッチーだった。期待に背かない皇太子妃になってもらいたい」と声援を送る。

テニスが取り持つ縁

美智子さんは、日清製粉社長正田英三郎氏と冨美さんの長女として一九三四年（昭和九年）一〇月二〇日に東京で生まれた。五七年三月、聖心女子大学文学部英文科を優秀な成績で卒業した才媛《さいえん》である。元皇族でも華族でもなく、一般家庭から選ばれたことは極めて異例である。古いカラから抜け出そうとする若きプリンスの意欲と、美智子さんに対する強い情熱があって実現にこぎつけた。

皇太子さまと美智子さんがお知り合いになったのは、五七年八月一八日に開かれた軽井沢会主催ＡＢＣＤトーナメントのミックス戦で対戦されたのが最初。その年の一〇月二七日に東京都調布市飛田給の日本郵船コートで軽井沢グループのテニス試合が行われた。この時、皇太子さまと美智子さんがはじめてミックスを組み快調に勝ち進んだ。

皇太子さまはこの日、持っていたカメラで美智子さんをアップで何枚も写された。それを年末に東宮仮御所で催された職員写真コンクールに出品された。六つ切り大の作品でまさに会心の作。皇太子さまの強い関心がそこに表われていた。こうしてテニスが取り持つ縁は進行していった。控え目な美智子さんはテニス以外のお付き合いは控えようとしていたが、美智子さんの心の中にも次第に〝人間皇太子〟さまに対する気持ちがはぐくまれていったようだ。

さかのぼって、皇太子さまのお妃探しは皇太子さまが学習院高等科三年に進学された五一年春ころからで、本格化したのは五五年に入ってからという。必ずしも旧皇族、華族など家柄にこだわらないが、将来の皇后さまとしてふさわしい気品と人柄を備えた明るいお嬢さん、健全で信望ある家庭で育てられた人というのが選考の目標だった。

月日は流れ、五八年七月二三日、台風11号の日、葉山御用邸の両陛下のもとで、小泉東宮教育参与、宇佐美宮内庁長官、鈴木東宮大夫らの協議が行われた。その結果、美智子さんこそ最適、という一応の結論に達した模様である。そして八月一五日、宇佐美長官が那須へお伺いして、交渉の基本的方針をほぼ決定し、正田家に意向を伝える接触が始められた。九月二六日、特に強い促しの使者が正田家を訪れた。皇太子さまがはっきり求婚されたのは一〇月二七日（美智子さんが外国旅行から帰った翌日）という。正田家では事の重大さに、ご返事をためらったが最後にこのお申し入れをお受けした。正田家から正式にお受けする旨の回答がなされたのは一一月一三日だった。そして二七日に皇族会議が開かれることになった。

皇太子さまは美智子さんが外国から帰ってから、毎日のように美智子さんに電話をした。東宮仮御所二階のお部屋からたった一本の電話線がお互いの心を通じ合うすべてであった。自らの愛情を訴えるにも、美智子さんの決意を促すにもそれ以外の手だてはなかった。電話は四〇分から一時間、長い時はそれ以上に及ぶこともあった。

この八ページはこういったところまでも取材していたのである。

一時、報道協定違反騒ぎ

いよいよ、八ページ別刷り特集は発表と同時に読者に配られた。編集サイドはそう思っていた。ところがえらいハプニングが起きていた。ある販売店が皇室会議終了前に配ってしまった。終了前ということは正式発表（午前一一時三〇分）の前である。これは明らかに報道協定違反である。

他の新聞社の専売店がこの情報をすぐにその本社に伝えた。販売から編集─社会部へと、そして宮内庁詰め記者に知らされた。

「毎日が協定違反をやった。発表前に別刷り特集を配ったそうだ」

「重大問題だ。すぐに緊急総会だ」

宮内庁記者クラブでは早速この問題を取り上げた。

「協定違反は明らかである。毎日の無期限登院停止」

あっという間に決まってしまった。登院停止とは記者クラブ出入り禁止である。この処分が出ると、共同記者会見にも出られない。すぐにその〝罰〟を食うことになった。皇室会議が終わったあと、宇佐美宮内庁長官の記者会見が行われたが毎日は出席できなかった。

毎日の宮内庁記者は「販売店が協定違反をしたとのことで取材不能になった」と怒りを社会部にぶつけてきた。「それは大変」と編集局から販売局へ。そして販売店へお叱りが飛ぶ。そうこうするうちに「他の新聞社も決定前に号外を配った」とあちこちの毎日専売店からの情報が入った。すぐに毎日の宮内庁記者のもとに届いた。

「うちだけでなく他社も協定違反だ」

こんどは毎日が抗議する。こうなると収拾がつかない。結局、「毎日の登院停止は取り消し」になった。こうして、午後二時半からの美智子さんの共同記者会見には毎日も出ることができた。

「あす重大発表！」深夜の非常召集

皇室会議前日の二六日、朝刊勤務だった整理部のNデスクは耳打ちされた。

「あす、皇室会議で正式に決まる。特別夕刊とは別に本体も忙しくなる」

特別班には加わっていないNデスクだが、あとは言われなくてもわかっている。深夜、部員数人の家に電話を入れた。

「あす夕刊で重大発表がある。出てきてもらいたい」

当日、夕刊番の者には、

「いつもより早く出社するように」

整理記者は突発事件を知ると黙っていても駆けつける。しかしこんどの場合は、皇室会議決定までニュースは表に出ない。それを知ってからでは遅い。そこで事前の〝緊急召集〟となった。有竹文太もその一人であった。

夕刊本体も特別夕刊に負けないものをつくらなければならない。本体も八ページでいくことになった。

まず一面である。ここには宮内庁詰めの社会部・清水一郎記者の

〈皇太子妃に決まった

美智子さんと語る〉

をトップにする。これは毎日新聞しか取材できなかった特ダネである。過去三年間にわたり取材した清水記者が、ご縁談の進んでいるころ偶然の機会から、直接、美智子さんと会って話すことができた。その内容である。

「こんどのことは、たいへん大きな出来事には違いありませんが、普通の結婚と根本では少しも変わりありません……」ある日、美智子さんは、真剣な表情で私にこう語った……で始まる。

美智子さんが海外旅行から帰った数日後とその約一〇日後の二回。その内容を約二五〇行の記事にまとめてある。

〈大変な出来事ですが
　根本は普通の結婚
　　静かな姿に決意秘め〉

五段見出しもすらすらと出てくる。この記事が一面の半分を占める。あとは〈皇室会議全員一致で決定〉と、美智子さんの記者会見。会見にはご両親も付き添われた。四段見出しで

〈殿下の誠実さに……
　心からの信頼と尊敬〉

美智子さんの心のうちであった。

次のページにも関連ニュース。ここでは皇室会議での内容や〈喜びの言葉〉をまとめる。三面で〈喜びあふれる日〉としてのグラフ。五面では〈お妃記者のメモから〉と題する記者座談会。水面下の敏腕記者たちがはじめて水面に上がり、内輪話を披露する。海外特派員と

は暗号を使ったことも。そして社会面は左右二ページの見開き展開。ほぼ全面をこの記事にあてる。

まず右ページでは、ニューヨーク特派員Uの〈帰国の旅に同行して〉が約半分を占める。海外旅行を終えて帰国する美智子さんを、ワシントンからホノルルまでの飛行機に二三時間同乗した記者の見たまま感じたままである。

〈〃善意こそすべて〃
人柄しのばせる言葉
美智子さんとの二三時間〉

五段見出しでトップにする。

U特派員は東京本社から美智子さんの帰国飛行機同乗記の執筆を指示された。しかし美智子さんは当初の予定を変更して一週間早い帰国となった。どの飛行機に乗るかわからない。帰国の準備や手続きは朝海駐米大使の命で極秘裡に進められていたようで、いつ、どこから、どの飛行機に乗るかいっさいノーコメント。やっとワシントン国際空港からユナイテッド・エアラインDC-7・一二九便に乗ることをキャッチした。こうして一〇月二三日午後一一時発のUAL機に乗ることができた。八六人の乗客のうち日本人は美智子さんとU特派員の二人だけ。サンフランシスコ経由でハワイへ。ここではS、K両通信員が案内役となって、ハワイの花ハイビスカスが咲き乱れるワイキキ海岸、ダイヤモンド・ヘッドに車を走らせた。そして美智子さんはハワイをあとにした。U特派員はそれを見送った。日本ではまだ、〃皇太子妃美智子さん〃の名は表に出ていなかった。

このページには、一〇余年間、皇太子さまの心の支えとなった小泉教育参与を自宅に訪ねた時（二六日）の内容、記者会見。さらには入江侍従の〈新鮮な御縁を喜ぶ〉も掲載する。

左ページは

〈皇太子さま最良の日

日本一のおめざめ

侍従らへも愛想よく〉

をトップにして東宮仮御所の模様を伝える。さらに正田家、学習院、聖心女子大学、郷土の誇りに沸く群馬県館林市を取り上げる。また午前一一時半、宮内庁の正式発表とともに沸いた心からの拍手と感動を〈感動は街から村へ〉で伝えた。

美酒に酔う

記念すべき夕刊づくりは終わった。

「このたびはご苦労であった」

社長からワインが振る舞われた。その一滴が文太のもとにも届いた。ワイングラスなんてしゃれたものはない。湯のみ茶わんでのどをうるおす。そのころワインを口にする人は少ない。日本酒や焼酎に馴れた舌にはもったいないような味がした。でも、これがホントの〈勝利の美酒〉というものだろう。文太はそんなふうに感じた。量は少なくても空きっ腹にはきく。これが誘い水となった。ほんのり頰を染めて編集局をあとにした。総勢五人、目指すは有楽町すし屋横丁である。すし屋横丁と言っても、大半は一杯飲み屋で、百を超す店がひしめくように軒を連ねている。比較的安く、借金がきくので、文太たちのたまり場となっている。

「こんどの〝お妃選び〟、結局はウチが勝った。社会部は鼻高々だな」

「しかし、美智子さん一本に絞るまで、いろいろあったようだ」

アルコールが入るとすぐに仕事の話になる。整理記者とはそういうものである。この夜もそうであった。

「美智子さんに絞り、そのとおりになったからよかったものの、もしはずれたらえらいことになったな」

「それには、それだけの裏付けをとっていなければできないよ」

「うん、それはあったようだ。どうもK記者がそれをつかんだんじゃないかな」

「ニュースソースを明かすことはできないから、われわれにもわからない。でも、よくとったな」

「あの〝お妃選びグループ〟の中でも、美智子さん以外の候補を主張して譲らなかった者もいたそうだからな」

「最終的には編集局長の了解をとってゴーになったようだ」

「その際、もしはずれたら突発ニュースなみの対応でいくことにしたそうだ」

「ということは」

「ゼロからスタートさ」

「そうなると、こんどの場合とは逆な苦戦になったな」

「それにしても水面下作戦は見事だったね。われわれもその直前まで知ることができなかった」

「〝蟻の穴から堤も崩れる〟で、その点、わが整理部特別班もガードが堅かった」

有竹文太にとって、こんどのすべてが勉強になった。紙面づくりのすばらしさは当然にしても、あれだけの作業を粛々とこなす手際のよさ。次のチャンスには「オレこそ」と腕を撫《ぶ》すのであった。

皇太子さまと正田美智子さんの「結婚の儀」は一九五九年（昭和三四年）四月一〇日午前一〇時から皇居内賢所《かしこどころ》で行われた。神前に結婚を誓われる告文《こくぶん》について、お二人の結婚が成立する盃《さかずき》ごとも、ことなく終わった。ここに、全国民が待っていた民間からはじめての皇太子妃美智子殿下が誕生した。毎日新聞は第一夕刊一二ページ、第二夕刊四ページを発行した。他の新聞も全力投球のすばらしい紙面を読者に提供した。これより半日前の一〇日付毎日新聞朝刊は

〈嫁ぎゆく心境　美智子さん本社に寄せる〉

を一面トップで報じた。美智子さんは、ご婚約以来約四カ月の回顧と皇太子妃になる心境を清水一郎記者に寄せてきた。便箋三枚にびっしりしたためられてあり、善意と誠実、謙虚さがあふれている内容だった。

〈誠実に〝光〟を求めて
白樺のしるし汚さぬよう〉

の五段見出しで紹介する。

美智子さんが皇室に入ってから使う〝おしるし〟は白樺に決まった。二四年間住みなれた正田家を去るにあたり美智子さんは五日、同家の庭に白樺の若木三本をみずから植えた。軽井沢から取り寄せたもので、しっかり根付いてほしいと願っていたという。その植樹の写真

も四段で掲載した。

敢えて、「白樺のしるし」を見出しにうたったのである。

こうして、伝統を破り民間から皇太子妃になられた美智子さん。皇室に新風は静かに吹いていった。

3

第二室戸台風、近畿を直撃

全国で死者二〇〇人、負傷者五〇〇〇人、家屋全半壊・流失六万二〇〇〇戸

一九六一年九月一六日

台風18号 本土縦断の恐れ

超A級 近畿、中部へも

関東も厳戒必要

山陽線

ソ連、太平洋ロケット発射

一万二千キロ飛び誤差一キロ

台風18号の位置

一九六一年（昭和三六年）九月一六日。

昨夜来の台風情報が気になり、未明に目ざめた有竹文太は起きるなり空を仰いだ。雲の流れが速い、不気味だ。雨は小降りになったと思うと強く頬を打つ。

「午前九時すぎ室戸岬に上陸」とラジオは報じる。一九三四年（昭和九年）の室戸台風と同じコースをたどりそうな気配だ。

「いやなコースだぞ。早目に出勤しないとヤバイ。早く食事の支度をしてくれ」

この日、朝刊早番勤務の有竹は、午後三時すぎに出社すればよいのだが、早々に朝飯をすませて家を出た。台風に通勤の足を奪われることを恐れたからである。

この予感は当たり、台風はその後午後一時二〇分に阪神間に上陸、大きな被害をもたらし、交通網も寸断されることになる。世にいう第二室戸台風（台風18号）の襲来である。

大阪へ転勤早々の〝洗礼〟

有竹はこの年の八月一日付で東京本社整理本部（整理部から整理本部へと名称変更）から大阪整理部勤務になった。着任からわずか一カ月余で〝台風の洗礼〟を受けようとは……。

毎日新聞社では、それまで東京、大阪、西部、中部の四本社間での人事異動は上層部に限られていた。東京本社で育ち、まだ〝兵隊〟の有竹にとって、大阪勤務は夢想だにできることではなかった。それが現実のものになった。

一九六一年七月一四日、暑い日だった。時のＴ整理本部長に有竹は呼ばれた。

「ちょっと編集局の会議室に来てくれ」

「私一人ですか」

「うん、そうしてくれ」

東京本社が有楽町にあったころで、編集局は三階にあった。その会議室で有竹はＴ本部長と机をはさみ一対一で向かい合った。ひと言、ふた言雑談をかわしたあと本部長が切り出した。

「君、こんど大阪へ行ってくれないか」

やぶから棒である。

「出張？　いつですか」

「いや出張じゃあない。大阪へ転勤してもらおうと思っている」

「えっ、私がですか」

一瞬、有竹は耳を疑った。四本社間の人事異動は役員か上層部に限られているという先入観がある。上層部の人事交流に私が入る？　兵隊の身でいきなり何階級特進？　そんなことは絶対にあり得ない、ではなぜ？　自問すること数秒。

そんな有竹の表情を見てか、T本部長はやおら口を開いた。

「これはね、本社の大方針に基づくものだよ」

ますますわからなくなった。

「大方針と言いますと」

「田中香苗編集主幹の大方針で、この八月から一年に二回（八月と二月）東西四本社間の人事交流を活発に行うことになった。そこで君に大阪へ行ってもらい、大阪からはN君と言って、君よりも二歳ぐらい年長だが、君と同じような優秀な人材で東京へ来てもらう。すなわち今までのような役員とか上級幹部だけに限られていた東西交流を全社員にまで広げようというわけだ。四本社の人材を交流することによって、それぞれの職場に新風を吹き込む。それをねらいとしている。君は東京整理から選ばれた優秀な人材として、大阪整理へのカンフル注射的な存在になってもらいたい」

こんな意味のことを十数分かけて話す本部長も汗で顔がじっとりとぬれていた。一段落したところで、ハンカチを顔にあてながら

「どうだね、大阪はなかなかいいところだよ」

大阪整理部出身のT本部長は、しきりに大阪のよいところを自慢げに話す。そして有竹の

顔をのぞき込むように反応をうかがう。

話は読めた。兵隊として大阪へ行け、ということである。本部長は「優秀な人材、人材」と強調するが、人事異動の時に上司が多発する〝ほめ言葉〟でもある。

聞くうちに、背筋に冷たいものが流れる。未知の大阪へ転勤、そう思っただけでもゾッとした。足が地につかない。青天の霹靂とはこういうことをいうのだろうか。しばしモノも言えなかった。

しかし、

「毎日新聞（特に編集）の歴史上特筆すべきこの東西交流第一発に選ばれた君は誇りに思ってくれ」

こうまで、本部長に言われるとノーとは言えない。

「わかりました。喜んで行きます」と言う有竹に本部長は、

「納得してくれてありがとう。ただ、これは二四日の役員会で決定、八月一日付発令になるから、二四日まではだれにも言わず、胸のうちに秘めておいてくれ」

と念を押された。

人事異動は、事前にもれることによりつまずくことが往々にしてある。それを懸念してのことだった。

こうして、東京―大阪間の整理部トレードは一対一で実現した。他の部も同じような形で交流が行われた。

編集主幹とは、毎日新聞編集陣の頂点に立つ人である。東京、大阪、西部、中部四本社編集局長の上にあって、時の田中主幹は専務取締役でもあった。兵隊の私が反対したところで、それなりの拒否理由がなければ通らない。それは所詮、蟷螂《とうろう》の斧《おの》でしかない。また有竹自身、気持ちが落ち着くと

「未知の土地で暴れてみるか」

といったファイトも湧いてきた。

八月一日付で大阪勤務となった。妻と四歳、一歳の子供を連れて暫定的に落ち着いた大阪の住居は堺市・浜寺である。ここに毎日新聞の寮があり、木造平屋建てに三所帯が入れる。すでに二所帯が入っていて、残りの〝空き家〟に荷を解いた。隣接して独身者用の木造二階建てもあった。近くに浜寺海水浴場があり、水着のまま泳ぎに行けるほど海に近い場所であった。

ここを暫定的としたのにはわけがある。東京本社にいた時に住んでいたのが公団住宅だったため、大阪の公団住宅にも優先的に入居できることになっていた。そこで公団の空き家待ちをする間の仮住まいとした。南海電鉄の浜寺駅から難波へ出て乗り換えて梅田駅へ。そこ

から堂島にある大阪本社まで歩く。毎日寮から一時間足らずの通勤距離である。

〝完全武装〟、暴風雨の中を出勤

阪神地区に照準を合わせた台風は、もう迷わずに一九三四年の室戸台風コースを下敷きにして突進してくる。室戸岬では瞬間最大風速六六・二メートルを記録したようだ。ここ大阪の風雨も一段と強くなってきた。

文太はショートパンツにゴム長靴、それに野球帽をかぶった。

「この風では傘はダメですね。着替えも入れておきましょう」

妻が用意してくれた布製のバッグを肩にかけ、レインコートを頭からすっぽりかぶって玄関を出た。

「痛い!」右側から頬を刺すような雨。前方は灰色にけぶっている。数秒ごとに強い風雨が襲いかかる。細かな砂粒を投げられているようだ。駅まで夢中で走る。ともすると吹き飛ばされそうになる。台風が予想より早く来たのかな、電車は動いているかな、次から次と不安が襲いかかる。自動車もほとんど動いていない。時折前方から、あるいは後方から水しぶきをあげて走り去る車に、風雨がうなりをあげて追いかける。やっと駅に着いた。改札口を見ると平常どおりである。

「よかった」まだ電車は動いている。しかし四国方面では不通箇所が続出し、その区間が掲示されている。不安の影はますますふくらむ。間もなく電車がずぶぬれのまま入ってきた。この時ほど電車がたくましく感じられたことはない。乗降客ともに少なく中はガラガラ。多くの人が台風情報で外出をやめたためだ。その中を敢えて仕事場に飛び出す自分。

「因果な稼業だな」

文太はつぶやいた。

風にあおられ勢いを得た雨は容赦なく窓をたたく。会社までなんとか行けるように、祈るような気持ちで窓外を見るが、白い雨の煙幕でほとんど見えない。難波駅、そして梅田駅にたどり着いた。ここも人の姿はまばらで台風襲来に備えている。

梅田駅からは走るだけである。〝完全武装〟のいでたちでまた全力疾走。堂島の毎日新聞社に入った時は下着までぬれていた。ロッカー内のタオルを持ち出し、フロ上がりのような体を拭う。妻の用意してくれた着替えを身にまとうと冷えきった体にぬくもりが出てきた。

編集局内は台風接近で緊張の声が飛ぶ。夕刊作成中の整理部は殺到する原稿に血走った目で赤筆を入れ、見出し、レイアウトに追われている。

「いよいよやって来たそうですね」

ひと息ついた夕刊デスクに声をかける。

「おっ、有竹君、君は朝刊か」
「電車が止まらないうちにと早目に出て来ました。何か手伝うことがありますか」
「いや、夕刊は大丈夫だ。問題は朝刊だ。出勤できない連中がありそうだな。そうなったら頼むぞ」

「あっ、停電」「社内への浸水防げ」

午後一時ごろ台風はついに阪神間に上陸、大阪湾では高潮が起こり最悪の事態となった。午後一時四〇分、大阪港の潮位は標準水位より四メートル近く上昇との情報が入る。大阪市港湾局防潮堤を高潮が越えたなど次から次へと荒れ狂う台風の模様が社会部から入る。

午後二時すぎ社内の電気が一斉に消えた。「あっ、停電だ」と思う間もなく明るくなった。自社発電に切り替えられたのだ。新聞社内は昼間でも暗いため電気がともされている。停電の場合もすぐに自社発電が活躍する。仕事の内容上、一刻もストップは許されない。

台風上陸で、北陸水力発電地帯から近畿へ送電している北陸幹線、新北陸幹線丸山、南西各幹線が切断され送電が全面ストップ、また臨海火力発電所が高潮のため発電が不能となり近畿一円が大停電となったためである。

突然、N第二整理部長が大声で叫ぶ。

「手のすいている者は一階の玄関へ急いでくれ。社内への浸水を防がなければならない」

堂島、土佐堀両川の防潮堤を越えた濁流があふれ、中之島一帯のビル街が水浸しとなった。毎日新聞社前の道路もうず巻く川となり、その水が閉じた門扉の下から、かすかながら入りつつあった。

「発送から古新聞を至急運べ」

「その新聞をどんどん浸水場所に積むんだ」

駆けつけた人たちが手際よく水浸しの玄関に積んでいく。紙はよく水を吸い込む。古新聞はたっぷりある。紙の物量作戦は極めて効果的であった。扉の下のすき間から入り込む水の量はこの紙の壁には歯がたたず、玄関入り口で食い止めることができた。

夕刊作業は終わった。

さあ、朝刊づくりの時間が来た。近畿一帯の交通網は全面的にマヒしている。夕刊デスクが額にシワを寄せながらつぶやく。

「朝刊組に出勤不能が出そうだな」

いやな予感が当たった。朝刊組が家を出る時間と台風直撃が同じころだったため少し早目に出勤しようとした人たちもその足を奪われた。車に便乗してたどり着いた朝刊番もいたが、やむなく欠勤せざるを得ない者も出た。

「早いうちに出てきてよかった」　有竹は胸をなでおろした。

大阪整理部の勤務は、一般的には夕刊と朝刊を交互に担当する。朝刊も早番と遅番に分かれる。早番は統合版と言って夕刊のない地域（遠隔地）向けの新聞を制作する。夕刊が終わったころに出社し、夕刊担当者から引継ぎを受けて、夜一〇時ごろに終わる。そのあと遅番が夕刊配達地域向け（朝夕刊セット）の新聞づくりにかかる。

この日早番だった文太は、そのまま遅番勤務にまわらざるを得なかった。夕刊番で本来なら〝解放〟になる人たちも朝刊応援にまわることになった。

各地の被害原稿続々と入る

台風が去ったあと、大阪市内の濁水は徐々に減水を始めたが、二二区全域にわたって浸水したため排水に手間どっているようだ。それに停電のため排水ポンプが使えないという原稿も入る。近畿一帯の被害は時間経過とともに甚大であることがわかった。各支局や通信部からもその被害原稿が殺到する。なまなましい惨状の写真も入ってきた。

「この写真はフロント面（一面）だ。これは社会面、グラフ面はこの五枚でいこう」

デスクが振り分ける。

「待て、今もっとすさまじい写真が電送で入ってくるようだ。そっちをトップにしよう」

どなるようなデスクの声は、かすれてきた。

「いや、今から取り替えは無理だ。次の版にまわそう」

社会面担当の有竹は締切時間をにらみながら答える。新聞づくりは絶えず原稿の締切時間との戦いでもある。いかにいい紙面をつくりたくても、締切時間を無視するわけにはいかない。

○県の○○方面は、○時○分の輸送便に乗せなければならないと、あらかじめ決められている。その時間から逆算して、編集の締切時間が割り出される。通常は列車便とトラック便があるが、この日は交通網がズタズタになっているため、新たな輸送体制が敷かれた。それに合わせての締切時間を頭に入れておかなければならない。

まず遠い地域向けの紙面づくりからかかる。たとえば、大阪本社の場合は高知県などである。このあと、一時間前後の間隔をおいて次から次へと新しいニュースを入れながらつくっていく。したがって、前の版のトップニュースが次の版では二番手、あるいは三番手になったり、最終版では一段のベタ扱いになることもある。写真も同じような形で変わっていく。

旅館街が高潮にさらわれる！

和歌山県下では有田地方に大きな被害があったとのニュース。有田郡湯浅町の海岸に沿って並んでいた新屋敷地区の旅館街、漁師町で約三〇戸が家財もろとも高潮にさらわれ跡形もなくなってしまった。住民が頼みとしていた堤防が真っ二つに割れ、そこから高波が押し寄せたのだった。

有田市宮崎町辰ケ浜地区では風速三五メートルの暴風雨とともに高潮があっという間に堤防を越え人家をのみ込んだ。屋根瓦、トタン、看板が空へ舞い上がる。風が凪いだ午後三時すぎ、辰ケ浜はガレキの町となっていた。

通信途絶で被害状況がわからなかった和歌山田辺、御坊の両市とも一七日午前零時すぎになってやっと連絡がとれた。台風通過前後は瞬間風速六〇メートル余を記録したところもあった。田辺市や白浜温泉などでは屋根瓦が飛び、トタンが木の葉のように舞い散った。屋根など満足な家はほとんどなく、八分どおりまでが瓦が飛び、そのあとに赤土をさらけ出しているという。

また、田辺—白浜間の道路沿いの民家も軒並みに損害を受けた。特に白浜温泉では突端にある岩風呂の建物が吹っ飛び、道路も観光会館前の県道が長さ一〇メートル以上、幅六、七メートルえぐりとられた。

「和歌山の被害がかなりはっきりしてきた。写真はまだか」

デスクが大きな声で出稿側に注文する。

御坊市でも、同市名田の農協倉庫が全壊し国道四二号線を埋めたほか九八戸が全壊、由良港では沈没漁船だけで四〇隻を超え、流失も三〇隻近い。破損も四五隻に上るとの原稿も入る。

国宝や重文にも被害

奈良支局からも原稿が入ってきた。

奈良市三条通り東端にある高さ一〇メートル、柱間六・七メートルの春日大社一の鳥居（重文）が倒壊した。東大寺二月堂下の高さ一五メートルの良弁杉が真っ二つ。三月堂（国宝）にも杉の木が倒れて正面をいためた。興福寺の北円堂、南円堂（いずれも国宝）も壁、屋根が破損し、北円堂では東側の戸がはずれた。同寺五重の塔、三重の塔も瓦の一部が飛んだ。

京都でも建仁寺の方丈と妙法院の玄関（いずれも重文）の屋根の一部が破損、二条城の本丸御殿、二の丸御殿の瓦も飛び散った。

こんな情報が電話で入り活字化される。

大阪市内では外を歩いていた男性が飛んできたガラスの破片で首を切り死亡したとか、近くの小学校へ避難する途中、校門の扉に頭を打ちつけて死亡など悲しい人的被害も入る。

その他、近畿一帯が受けた台風のツメ跡はすさまじいものであることがわかった。

一夜明けると、寸断された交通網も次第に開通し濁流も引いたが、一部では褐色の川となった道路を舟を唯一の交通機関として駆けつける整理部員もいる。

自宅に大きな被害を受けながら、それを家人に託し出勤した者もいる。T君もその一人。

「わが家の屋根が飛んだ」

「いやーひどい、ひどい。やっとたどり着きました。わが家の二階の屋根がすっぽり持っていかれましてねー」

台風直撃の模様をT君は続ける。

「風も雨も強くなったな、と思っているうちに二階の窓ガラスになにか当たったらしく、ガチャンと音がした。急いで二階に行くと、割れたガラス窓の空間に一気に強風がなだれ込んだ。その風は仲間を呼び、うなり、部屋中を暴れまわる。ウズを巻くように手当たり次第に器物を倒し吹き上げる。怒涛に似た風は、こんどは出口を求めるがみつからない。そこでいきなり上に向かった。天井ごと屋根をすっぽり奪って逃げ去った」

台風はこれだけの荒仕事をするのに、ほとんど時間をかけなかったとのこと。

T君は「大変だ、なんとかしなければ」と思いつつなす術もなく、気づいた時には天井のなくなった二階に容赦なく第二陣の強風が吹き込んでいたという。

大阪市内に住むT君はこの日、夕刊番だったのだ。

「君は帰ったほうがいい。家人と一緒にすることがいっぱいあるだろう。きのうの朝刊組が帰宅しないで待機しているし、人の手当ては十分だから心配しないでいいよ」

「なに言ってます、やっと出てきたのに帰れますか。私は夕刊番です。家にいても、私になにができますか。それより朝刊から夕刊応援にまわった人たちを帰してください」

「ほんとうにいいのか、よし、ではそうしよう」

T君ほどの被害ではなかったものの床下浸水に泣かされた部員もいる。そういう人たちも家族にまかせて飛んできている。

こうなると、朝刊からの応援組は、お手伝いする仕事があればそちらにまわる程度の〝遊軍〟になる。文太も手すきになった。その夕刊作業も終わり、交通網も復旧したとの情報で、徹夜した眠い体を引きずるようにして社を出た。

帰りの電車から見る窓外は、きのうと打って変わって、青空のもと、初秋の陽がまばゆいほどに照りつけている。しかし倒された街路樹、どこからか飛んできた看板、屋根のない家、瓦が申しわけ程度に残っている屋根、冠水したままの田畑、茶色の水が引かない道路などなど、被害がなまなましく残っている。

きのうの朝、家を飛び出したままの有竹にとって、家族のことが気にはなったが電話はしなかった。寮の代表電話なので直接自宅にかからない。呼び出してもらったりする手間を考えると、よほどの急用でもないかぎりおっくうになる。妻からもなんとも言ってきていないので、まず大丈夫であろうと一人合点する。それでも、未知の土地で幼児二人と不安な一夜を過ごしたであろう妻のことを考えるとすまないような気がする。他人が休んでいる日に、他人が寝ている時に駆け回る新聞記者稼業、それを理解してくれなければ家庭はもたたぬ。好きで入った道だが、その分、家庭に負担をかけることが多い。時折チクリと胸を痛めることがあるが、この日も文太はちょっぴり感傷的になった。梅田駅で子供へのみやげの菓子を買ったのも、そんな〝罪滅ぼし〟の気持がそうさせたのであった。

不安な一夜をすごした母子

浜寺寮に着いた。外見は大被害に見舞われた様子はなかった。

「台風はすごかったんだよ」

四歳の上の子が父親の顔を見るなり窓を指差して言った。廊下に面したガラスが割れ、板が打ちつけられていた。

「やられたのか」

妻が語る台風の〝暴力〟は、文太の想像をはるかに上回るすさまじいものだった。

昼ごろから風雨はさらに強くなり、特に海に近いため窓をたたく風、吹き付ける雨は容赦なく木造の寮を弄んだ。

「大丈夫? ママ」

四歳の女の子にも不気味な怖さが本能的に伝わってきたようで、母親の体にぴったり身を寄せていた。下の子は何もわからずに眠っていたが、突然「バシャッ」と何かをたたきつけられたような音。急いで部屋を出ると廊下を隔てた台所のガラス一枚にヒビが入り今にも大きく割れそうである。そこのところに座布団をあてがった。と同時に無意識に「だれか来てー」と叫んだ。

他の二所帯の奥さんの急報で、独身寮にいた若者数人が駆けつけてくれた。彼らは非番で自室にいたため、現場に着くや
「風を入れたら屋根を持っていかれるぞ」

「その座布団ではもたない。そうだ、畳がいい。いいですね奥さん」

「奥さんは子供と部屋にいてください。あとは私たちにまかせてください」

若者たちの威勢のいい声が飛び交う。あっという間に畳一枚が窓のところへあてがわれ、それを支える棒もどこからか探してきた。

「これでいい。風雨が過ぎるまでこうしておきましょう」

女の手一つでは、とてもここまではできなかった。畳で防ぐ機転が働かなかったら、暴風雨の侵入を許し、屋根を持っていかれたかもしれない。台風が去ったあと、若者たちは畳をもとに戻し、板を打つ作業までしてくれたとのこと。

おかげで大きな被害はなかったが、見知らぬ土地で母親も子供も精神的に受けたショックは大きかったろう。そして続いての大停電。ローソクの火のもとで不安な一夜を明かした母子は、家を放ったらかして仕事に飛び出した夫、父親を何と思ったであろうか。妻はひと言もそのことにはふれなかった。

停電は、台風が過ぎた翌日も続いている。お膳に立てたローソクの火のもとで一家四人の夕食が始まった。残り物の食材でつくったわびしい料理だが味はすばらしかった。特に子供二人は、ゆれるローソクの火が珍しくはしゃいでいた。特にきょうは父親がいるという安心感からか、腹が満たされると心地よげな眠りに入っていった。

文太は床に入ってみずからに問うてみた。

「まず仕事」という責任感から台風の中を飛び出した。その時、あとに残る家族のことを考えたか。一瞬、気になったことは事実である。しかしそれよりも〝何か〟強いものに、せき立てられるようにして、会社に向かった。それは、みずからに課せられた仕事の内容の重要性を熟知しているからである。ニュースを一刻も早く読者に提供しなければならない義務感がある。それに自分が欠勤した場合、仲間に迷惑のかかるのを避けたいとの気持も強かった。台風上陸はもう疑う余地がない。そうなった時に、もたらされる被害、影響を頭に入れなければならない。そこで遅れをとりたくない。記者ならば当然考えることである。きのう文太をせき立てた〝何か〟とはそれを指すのであろう。これは記者に限ったことではない。公務員も一般の会社員もそれぞれの職場でわが身をかえりみずに職責を果たしている。妻は口にこそ出さないけれどわかっているだろうし、子供にもそれを教えていくことだろう。文太は彼なりに、そのように解釈した。そしてまぶたが重くなった。

大阪の被災者は二六万人

この台風は第二室戸台風と命名された。最低気圧九三〇・九ミリバールを記録、コースも室戸台風同様に室戸岬から大阪湾に入り、時速四五キロで近畿、北陸から能登半島へ抜け北海道西部をかすめた。被害も全国に及び、死者一九四名、行方不明八名、負傷者四、九七二名、家屋全壊一万四、六八一戸、半壊四万六、六六二戸、流失五五七戸、田畑流失・埋没三、四五八ヘクタール、船舶沈没・流失九五八隻に上った。農作物被害は五三八億円と集計された。被害が最も大きかったのは大阪府で、被災者は約二六万人に達した（全国では約六五万人）。

4

国旗が違っていた特集版

あわや国際問題！　配達直前に刷り直し

一九六三年五月五日

肉体を食いつつ走るレース
マラソン
出場、年3回が限度
五輪金メダルねらう日本

その日、整理本部デスク有竹文太は珍しく家にいた。

「こうして一日中ゆっくりできるなんて久しぶりだな」

「ほんとに、でもきょう一日はまだ終わっていませんよ。いつ事件が起きるかわかりませんからね」

就寝前のひと時を夫人と楽しんでいた。そんなくつろぎを破るかのように電話がけたたましく鳴った。

どこからかな、夫人が受話器をとる。

「はい、有竹でございます。ええ、おります。しばらくお待ちください」

電話の応答ぶりで相手がわかる。瞬間、いやな予感がした。さっと黒い雲が文太の胸中をよぎった。

「今ごろ何だろう。テレビニュースでも大事件は報じられていないし、いいことではなさそうだな、だれから?」

つぶやく文太に
「整理の者と言っています」

受話器を手にするまでの数秒間だったが、不安はさらにふくらんだ。

「大変です、すぐ出社を」

「有竹さん、大変です。すぐに出てきてください」

「どうしたんだ」

「あの特集で大きなチョンボがありました。すぐに刷り直しの作業にかかっています」

当日出勤のAからの緊急電話である。

あの特集とは一九六三年（昭和三八年）五月五日付の日曜版特集のことである。四ページの別刷り特集で、有竹文太が担当デスクだった。この最終ページに大きなミスがあった。

ここには、マラソンに関する読み物記事が掲載されている。来年の東京オリンピックを前に、日本選手の活躍が期待される種目なので、マラソンの歴史とか、過去の優勝者などを取り上げた。また世界歴代マラソン50傑の国別選手数を図表で入れた。図表には50傑を生んだ一三カ国の国旗とその選手数が図で描かれている。この中に北朝鮮（朝鮮民主主義人民共和国）選手も含まれていた。「北朝鮮一人」、ここまでは正しかったが、描かれた国旗が韓国のものであった。誤りを発見できず、そのまま刷り上がってしまった。

発送直前にミス発見

別刷り特集というのは、本体とは別にあらかじめ印刷されたもので、配達日にニュース面と一緒に各家庭に配られる。毎週日曜日に届けるので日曜版特集と名づけていた。本体より数日早く仕上げ、東京で制作した各ページごとの紙型《しけい》を大阪、西部、中部の三本社と北海道支社に送り、それをそれぞれの本・支社で印刷する（東京を含め、いずれも外注印刷）。

紙型とは、一ページ大に組み上がった紙面内容を同じ大きさの堅い厚紙にそっくりそのまま型どりしたものである（それをもとに鉛版《えんばん》をつくり輪転機にかける）。現在ではファクシミリで送ることができるが、当時はこの紙型に頼るしかなかった。今回の場合も四つのページの紙型はそれぞれの本・支社に列車便で送られ刷り上がっていた。東京でも印刷終了の四ページ分は五月五日付として、本体の紙面を配る日まで〝待機〟していた。それを大阪本社のある者が誤りを発見し東京に連絡して、大騒ぎとなった。

「これはえらいことになった」

くわしいことはわからないが、すぐに手を打たなければならぬミスである。いやしくも国の旗を間違えるなんて許されることではない。文太は腹をくくった。

「すぐに社へ行く」

くつろいだ休日の空気は一変した。心なしか青ざめた文太の額にはじっとりと汗が浮かんでいた。夫人も心得たもので、多くは聞かない。すぐにタクシー会社へ電話をいれた。

「五、六分で車が着きます。今夜はどうなりますか」

「わからん」

駆け出すようにして家を出た文太の頭は真っ白のままだ。

整理本部では、大阪からの連絡を受けるやすぐに刷り直しを決定し、間違いの図表を描き替えて紙型を取り直した。その一方で、さきに発送した紙面をボツにするように手配した。東京本社関係ももちろんである。

文太が編集局に足を入れた時には、すでにそういう作業もすんでいた。緊急を要する作業なので当然のことではあるが、この特集版責任者としては、情けない、やりきれない気持ちでいっぱいだった。

ひと口に刷り直しと言っても、これは大変なことである。さきに印刷した日曜版を全部破棄して新しく同じ部数を刷らなければならない。金銭的にも莫大な損害である。でも、この欠陥紙面は絶対に社外に出すことはできない。国旗を間違えることは国際問題にもなりかねない。当然の対応である。それだけこのミスを重大視した。

別刷り特集には、刷り上がってから誤りを発見するケースがほかにもなくはない。その程度によっては「やむなし」と見送り、本体の紙面に「訂正・おわび」を入れることもある。また、催しものなどは、相手側の事情により変更になることもある。そういう場合も本体紙面に「おことわり」を入れて読者の了解を得ることにしている。

たとえば一九九九年（平成一一年）の元旦号特集でこういう例があった。『正月特集5』＝映画・演劇・音楽ガイド＝七面の記事で、新橋演舞場一月公演「天涯の花」に小林桂樹さん、同二月「寺内貫太郎一家」に由利徹さん、明治座一月公演「次郎長富士」に芦田伸介さんが出演することになっていた。ところが三氏とも体調不良のため休演となってしまった。連絡を受けた時にはすでに印刷ずみであった。相手側の事情によるものでもあるし、刷り直すことはできない。結局、同じ元日付のニュース面（第二社会面）に「おことわり」を「小林桂樹さんら休演」の見出しで掲載した。したがって、読者は同じ日付のニュース面でこの「おことわり」を、正月特集で小林桂樹さんら出演の記事を読むことになってしまった。

こういう場合は読者も納得してくれると思うが、資料として掲載した図表に国旗を間違えたまま読者に届けることはできない。新聞の信用にかかわる問題であり、当該国にもおわびのしようもない。

ともかく、誤りの紙面はまったく外に出ることなく終わった。毎日新聞社としては不幸中の幸いであった。

チェックを怠る

どうしてミスが起きたのか。

有竹文太はかえりみる。日曜版の四ページは整理本部員が直接編集作業に当たる。一〇年選手クラスのベテランがニュース面のローテーションから離れて専念する。デスクは監督する立場で、直接レイアウトしたり、見出しをつけたりはしない。したがって、組み上がった各面の大刷りを見てチェックする程度である。

大刷りとは、ページごとに組み上がった紙面を試しに手刷りした紙面のことである。数部を刷り、間違いや加筆削除があればこれに記入し、完全なものとして降版する。この段階で誤りを見落とすと、そのまま印刷されてしまう。

問題になったマラソン世界歴代50傑の国別図表は活字ではなく、整理本部内にある図案係で作成したものである。ここはイラスト、地図や図入りのタイトルを描いたりする部署で、それ専門の腕を持つ五、六人がいる。新聞の編集作業には直接タッチしないが、そのつど注文に応じる。

今回の図表も、日曜版編集の担当者から制作依頼があったものである。

「この表をカッコよくつくってよ」

編集担当者が持ってきたのは一枚の原稿用紙で、それには世界歴代マラソン50傑の国別数字が書いてあるだけ。

「これをどういうふうに?」

「国名と数字を並べただけでは味がないので〝色〟をつけてもらいたいんだけど」

「大きさは?」

「天地を二段、左右一一〇ミリ仕上がりになるようにしてほしい」

天地二段とは、新聞二段分の大きさを指す。当時の新聞は一ページが一五段となっており、図表のタテの大きさを二段分にするという意味である。こういう場合、通常は編集者があらかじめサイズを書き込んで図案係へ持ち込む。しかし、国名と選手数だけで図表をつくるとなると名案が浮かばない。そこで専門家のお知恵拝借となった。

図案のX君は考えた。まず一三カ国の国旗を置く。その横に国名と選手数。さらにその右に走っている人間のイラストをその数だけ描く。数の多い国はそれだけにぎやかになる。こういう構想で着手した。

国旗は手元にある資料をもとに一三カ国の旗を描いた。その作業中に間違いを起こしてしまった。

仕上がりを見た担当者は、

「うーん、よくできている。これで紙面が引き立つ」

名ぴったり。

と感心したが、国旗のチェックを怠った。選手数とイラストの数は指でていねいに追い五〇

「これでよし」

とOKサインを出した。まさか国旗が違っていようとは。ここに心のスキがあった。ミスというものはこういう時に起きる。

有竹文太も問題のページの大刷りを事前に見た。内容もていねいに読んだ。見出しに間違いはないか、欄外の日付も正しいかなど細心の注意を払ったが、国旗のチェックまではしなかった。編集担当者を信頼しての結果だった。世界の国旗資料と照合するのに多くの時間は必要としない。しかも特集版はニュース面と違って、降版時間に余裕がある。それなのに、見落としてしまった。悔やまれる痛恨事である。

俎板の鯉、処分を待つ

間違い紙面は表に出なかったが、会社に与えた損害は大きい。文太はその夜の当番部長に深く深く頭を下げた。部長いわく、

「作業は全部すませてあるから、欠陥紙が外に出る心配はもうない。あす、あらためて事情を説明してもらおう」

クビを洗って待つ以外にない。文太は「責任のすべてをかぶろう」、そう心に決めた。

翌日、編集担当者と図表作成者からくわしい事情を聞いて始末書・進退伺を書いた。本部長経由で編集局長に提出、やがて会社としての処分が決まる。担当者と図表作成者も同様な書類を提出したが、文太は「責任はすべて私、有竹文太にあり」と強調した文言を入れておいた。

整理記者をしていると、ミスすることがしばしばある。分刻みの仕事をしているため、見出しを間違えたり、人名、地名などの固有名詞、あるいは写真、地図も誤ることがある。翌日の紙面に「おわび・訂正」を入れるが、そのつど始末書を上司に提出する。内容はこんな具合に書く。

「〇月〇日付朝刊〇面のこういうニュースにつける見出しで大きな誤りをしました。『あす〇〇法案通過へ』とすべき見出しを『きょう通過へ』としたまま印刷、途中で誤りに気付き、見出しを直しましたが、一部は間違いのまま読者のもとへ届けられました。私の不注意によるもので弁解の余地はございません。毎日新聞の声価に傷をつけ、読者に申しわけのないことをしてしまいました。いかようのご処分もお受け致します。今後はこれを教訓と致します」

といったもので、多くは本部長どまりである。

整理記者で、始末書ゼロという人間はまずいないと言っていいのではないか。ミスが当たり前というわけではないが、ミスをした場合は、頬かぶりすることなく、その後の処置を適正に速やかに行う。そしてみずからが大いに反省し、あやまちを繰り返さないようにつとめなければならない。そういった意味で始末書を書くのである。

今回のような大きなミスは書類提出だけですむものではない。特に会社に損害を与えている。当然「毎日新聞社従業員就業規則」による罰が科せられる。

就業規則の中に、表彰、懲戒に関する項がある。

「表彰ならびに懲戒は別に定める賞罰委員会の具申にもとづいて取締役会が決定する」とあり、有竹文太の件はまず賞罰委員会にかけられることになった。

表彰と違って懲戒は、する側もされる側も辛い。委員会委員は九人だった。人事部長が幹事となり、資料の提出や事情の説明を求める。本人から釈明させることもあるが、俎板《まないた》の鯉となった文太は「いっさい自分の不注意によるもの」として弁解をしなかった。委員会決定は過半数によるが、懲戒に当たるとの結論に達し、取締役会で正式に決定、減給処分となった。編集作業上の誤りで、減給というのは極めて厳しいものだったが文太は甘受した。有竹文太が一人、その責を負ったため編集担当者と図案作成者は不問となった。

「減給はひどい。せめて、けん責にしてほしかった」

こういう声が整理本部内にあった。けん責とは文書で将来を戒めることで、過去にもそういう例はある。それだけに減給処分は重く響いた。

就業規則で懲戒に当たる対象は、かなり広範囲にわたるが、文太の場合は会社に不利益を与えたという点が致命的となった。文太にしてみれば、これだけの損害を会社に与えた反省から同情の声にも耳をかさなかった。整理記者、特にデスクに課せられた重い責任をあらためてかみしめた。

一件落着のあとのこと。

「今回のミス、私が間違えなければ起きなかったこと。それをデスクのあなたがすべてをかぶって、まことに申しわけありません。私こそ処分されるべきでした」

図表を書いた張本人が、文太に言ってきた。

「気にするなよ。それをチェックできなかったオレがいけなかったんだ」文太は大きく手を振りながら答えた。図表作成者は処分決定以来、わが〝免罪〟にずっと心を痛めていた。文太の笑顔につられて、頬をゆるめた。心から「ありがとう」の目であった。

文太はその表情を見て思った。

「これでいいんだ。これでいいんだ」

翳っていた文太の心にも陽がさした。

5

同じ日に二つの大惨事

東海道線（鶴見）で二重衝突、三池炭鉱で大爆発

一九六三年一一月九日

「やあ、お疲れさん」

仕事から解放されたあとのビールの味はまた格別である。

夕刊が終わったあと会議もなく、特集ページ作成にまわることもなかったデスクの有竹文太は午後四時ごろ会社を出た。こんなことは珍しい。まっすぐ家に帰るのはもったいないような気になり、少しパチンコ屋で過ごし、そのあと有楽町駅近くのすし屋横丁に足を運んでいた。もちろん一人ではない。後輩のA君とB君を左右に伴っていた。そこで早速乾杯となったのである。

帰宅前の一杯

当時の毎日新聞社は国電有楽町駅前にあり、その周辺には飲み屋が軒を連ねていた。人呼んですし屋横丁。木造の平屋か二階建て。一〇人入ればいっぱいになるような狭い店が多く、カウンターにしがみつくようにして客は座る。

A君は泊まり明けで夕刊応援のあと、文太に誘われるままに赤のれんをくぐった。B君は夕刊のあと特集ページ作成を予定していたが、出稿が遅れるとのことで合流した。

空きっ腹に入るアルコールは酔いのまわりも早い。入った店はなじみの「S」。注文しなく

ても文太の好みを知っていて、

「文ちゃん、いつものにしておきますか」

「うん、それでいい」

運ばれた料理は、もつの煮こみと板わさ。もつの煮こみはこの店自慢のもので、うまくて安い。長い時間をかけて煮込んだ豚のもつに、こんにゃくをちぎって入れてある。とうがらしをかけて口に入れると、もつは口の中でとろけるように軟らかく、ちぎったこんにゃくも味がしみていて歯ごたえもいい。とうがらしのピリッとしたからさが余計に味を引き立てる。板わさは、わさびを挟んだかまぼこが五切れ皿にのっている。こってりしたもつ煮の味とは対照的にさっぱりしたところがよく、舌を喜ばせてくれる。


「九州の炭鉱で炭じん爆発」

空いていた店内が込み始めてきた。朝日、読売両新聞社も近くにあり、両社の連中もよく利用している。今入ってきた朝日の社員らしいのが「三井三池の事故、被害が大きいようだ」などと同僚と話しているのが文太の耳に入った。A君とB君にも聞こえたらしく文太を見る。文太は手を振り目で合図をした。「オレが社に電話を入れて聞いてくる」という意味である。文太は一人で外に出て近くの公衆電話から整理本部に電話を入れた。

「九州で炭鉱事故があったようだが、どう?」

「炭じん爆発らしく、かなり犠牲者が出ているらしい」

「応援いるかな」

「うん、くわしいことはわからないが、今のところ大丈夫だ」

「いま、SでA、B両君とやっている。いつでも駆けつけるから、その時は電話をくれ」

当日、本番のC君との話で、駆けつけるほどのことはないと判断した文太は、

「今のところ応援はいらないそうだ、少し様子を見よう。ゆっくり飲み直すか」

文太の誘いに二人も異存はない。時間の経つのは早く、一〇時半近くになっていた。連絡のないところをみると、応援の必要はなかったのかと思いながらも文太はもう一度、整理本部へ電話を入れた。

「文ちゃん大変だ。今、そっちへ電話をしようとしたところだ」

「どうしたのだ」

「三井は戦後最大の惨事になるようだ。そのほかに、新たに東海道線で二重衝突が起きた。死者もかなりの数になるらしい。第二の三河島事故だ」

「よしっ、すぐに行く」

一九六三年(昭和三八年)一一月九日、酔いが吹っ飛ぶ大事件である。三井三池事故だけ

でも紙面動員がいる。それなのに第二の三河島事故とは。トップニュースが同じ日に二つ重なってしまった。

「すぐに出よう」

文太の形相を見て、A、B両君にも通じる。すぐに腰をあげた。勘定はいつものことで〝つけ〟である。飛び出すように出た文太は、歩きながら二つの大事件のあらましを説明する。

「A君は泊まり明けだから、今夜は帰ったほうがいい。B君はオレと一緒に応援組みにまわろう」

社はすぐそこである。「私も行く」というA君を説得、有楽町駅前で別れ、三階の編集局へ駆け込んだ。

三河島事故とは、前年の五月三日に常磐線三河島駅で起きた二重衝突である。午後九時三七分ごろ常磐線三河島—南千住間で、下り貨物列車が信号を誤認して車止めを突き破って機関車が脱線、下り電車線路内に傾いた。そこへ六両の上野発取手行き下り電車が衝突脱線した。乗客が線路上を歩き始めたところへ、同四〇分南千住駅を出た上野行き上り電車が突っ込み脱線車両に衝突した。一両目は原型がないほどになり、二、三、四両目は民家に転落、一六〇人の死者を出し、三〇〇人近い人が重軽傷を負った。国鉄側の重大な過失として、文太の記憶に新しい事故である。それと同じような事故がまた起きたというのである。

事件の時の編集局内は騒然となる。いつものことではあるが、炭鉱事故と電車事故のダブルパンチを食らった整理本部は人の動きも慌ただしい。

「おっ来てくれたか」デスクのYさんである。

「酔いが醒めちゃいましたよ。ところで応援態勢はどう？」

「グラフ面を頼むよ。二つの大事件なのでニュースの交通整理も大変だ」

話すYデスクの手もとには新しい原稿が次から次へと置かれていく。ゆっくり話すこともできない。こういう場合、文太ぐらいの整理経験があると、多くを聞かなくても、やるべき仕事の手順はわかっている。

さて、事故の内容だ。三井三池の場合は西部本社から原稿が送られてくる。それによると午後三時一〇分ごろに惨事は発生した。

福岡県大牟田市西港町、三井三池鉱業所三川鉱の第一斜坑（長さ二、〇〇〇メートル）の途中で炭じん爆発が起こり、午後一〇時半の会社発表では一七一人の死亡が確認されており、さらに死者は増えそうだとのこと。

炭じん爆発の爆風は、三川鉱の第一斜坑と途中で連絡して並行しつつ走っている第二斜坑を伝って吹き上げた。爆発により発生した一酸化炭素ガスなどの有毒ガスはおもに坑底に向かって流れ込んだ。第一斜坑口付近および近くの変電所などの施設はめちゃめちゃになり、第一、第二斜坑が合流している同鉱坑底の通気門も爆風で壊された。このため三川鉱はもとより、坑道が連結している宮浦、四山両鉱の坑内にもガスが流れ込み多数の犠牲者を出したようである。

この日、三川鉱内には一、二三二人が入坑していた。事故発生後に同鉱から一三六人、四山鉱から一七五人、宮浦鉱から五九六人が坑外へ脱出したが、うち六七人は死亡、二五〇人が重軽傷を負っていた。坑内に残っている三一四人のうち死亡が確認されたのが一〇四人で、合わせると死者は一七一人になる。坑内に残る二〇〇余人の生死はわからないという。坑外脱出者の中にも重体の人がかなりいるとのこと。

「戦後最大の炭鉱惨事になるな」。現場からの続報ニュースは、それを裏付けるかのように死者の数を増していった。

一〇〇人以上の乗客が死ぬ

一方の列車二重衝突は九日午後九時五〇分ごろ、東海道線鶴見—横浜間の滝沢踏切(横浜市鶴見区生麦二二二三)で起きた。

滝沢踏切付近の東海道線下り貨物線路を走っていた新鶴見発、稲沢行き貨物列車(四五両編成・後藤淳機関士)の後部三両が突然脱線、隣の横須賀線上り線路上に転覆した。その線路の反対隣にちょうど下り横須賀線電車（一二両編成・若林信治運転士）がさしかかったが、発炎筒がたかれているのを見て、ぎりぎりのところで急停車した。

ところが、貨物線と下り横須賀線の間を走る上り線路上を進んできた上り電車（一二両編成・勝又千秋運転士）が、発炎筒が消えていたため脱線事故に気づかず現場手前まで来てしまった。急ブレーキをかけたが間に合わず突っ込んだ。大音響とともに上り電車の一両目は、転覆した貨車にぶつかり、その衝撃でカギ型に曲がり、隣に停車していた下り電車の四、五両目の車体の上に乗り上げて押しつぶし、土手にぶつかって止まった。前部はめちゃめちゃにこわれ、下りの車両も大破した。上り二、三両目も脱線貨車にぶつかり、下り貨物線路上に乗り上げた。

各車両の窓ガラスは粉々に飛び散り、車の下からは「助けて」の声があちこちから聞こえてくるという。なまなましい現場からの原稿である。死者は一〇〇名を超えそうで、重傷者も一〇〇名以上になっているとのこと。

二重衝突が起きるまでは、炭鉱爆発をトップに置いていたが、鶴見事故が入るや途中から衝突を頭にして、炭鉱爆発は二番手にした。このころは現在と違って朝刊は一六ページ建てである。一面に二つの事故の大筋を掲載し、二面の約四分の一に鶴見二重衝突の死者、重傷者氏名。その左側四分の三に炭鉱爆発の関連記事と写真。三面に二重衝突の写真特集。一四面の第二社会面に炭鉱関係、一五面に二重衝突の詳報を入れることになった。

文太はこの三面づくりの応援にまわった。現場からはあらゆる角度から撮った写真が次から次へと届く。写真部デスクが走るようにして持ってくる写真を整理部デスクがそれぞれの面に振り分ける。まずフロント面(一面)にふさわしい写真はどれか、次いで社会面、グラフ面と決めていく。三〇分から約一時間刻みで版が変わり新しいニュースを入れていく。写真もそのつど替えることが多い。

「衝突現場のすさまじい全景写真が入った。それを一面に持っていこう」

「今まで一面に使った写真を社会面にまわしてくれ」

「社会面のをグラフ面に持っていくか」

こんなやりとりが整理本部員の間で繰り返される。

「グラフ面にもう一枚迫力あるのが欲しい」

文太は写真部へ飛んで行く。時間に追われているので、現像、焼付け、水洗いをじりじりとしながら待つ。乾かないぬれたままの写真を古新聞に挟んで水分をとり、「これを突っ込め」と入れていく。

最終版にかかるころにはすべてそろった。

〈かみ合う車体、助け呼ぶ声〉

の見出しで三枚を組み合わせた。一枚は車内に閉じ込められた負傷者の救出作業。破損した電車、割れた窓ガラスの向こう側で顔をゆがめながら救援の手を待つ乗客の表情が痛ましい。二枚目はぐしゃっと押しつぶされた電車。それはもう乗り物ではない、巨大な鉄の塊と化している。三枚目は負傷者をタンカに乗せて運び出すところ。うめきと助けを求める声が聞こえてきそうな写真である。

他の面の写真を見ると、フロントの一面は惨状なまなましい衝突現場。折り重なった電車の様子がよくわかる。社会面は、天井が吹っ飛び爆破したような電車の残がいと輸血しながら重傷者を運ぶ看護婦さんの二枚。

一面に六段見出し二本

記事は午前四時半現在までをまとめた。一面の最終版（13版●〇）は

〈東海道線（鶴見）で二重衝突
　貨物と横須賀線上下電車〉

の横見出しを二段で左右いっぱいに張り、その下に六段の縦見出しを置く。

〈死者一三三、重軽傷一一六
　貨物が脱線、突っ込み三両大破〉

炭鉱爆発は左側写真下に六段で

〈三井三池で爆発惨事　戦後最大

死者二七〇人を超す

重傷二九三、軽傷四〇人〉

の扱い。新聞で六段見出しというのは、当時としては極めてまれであった。しかも一つの面に二本の六段見出し。かつてなかったことである。これだけ大きなニュースが同じ日に入ったということは、前代未聞だからである。

最終的にはこういう第一面になったが、それより早い版では、二つの大事件の大筋を載せるには紙面が狭すぎる。Yデスクの頭にとてつもないことがひらめいた。

「広告をはずそう」

新聞は一ページ一五段で、一面の場合、記事一二段、残りの下三段は広告と決まっている。その広告をはずして全部記事面にしようというのである。他の面では過去にもあるが、一面では画期的なことである。

といっても、広告を編集サイドで勝手にはずすことはできない。広告局に手配し、相手側のOKをとらなければならない。この作業は問題なくスムーズに進んだ。こうして最終版のフロント面はできあがった。

さて、社会面はどうか。

第一、第二社会面見開きで、

〈東に西に大惨事〉

〈暗夜、悲痛な叫び〉

の横見出しを左右両ページをまたぐようにして置く。

その下に、第一社会面は、

〈三河島を、また　二重衝突

　血の枕木、うめき声

　　鋼鉄の車体ざっくり

　　　切断の火花の下、ゆがむ顔〉

の五段見出し。

「生きている！　照明を」

「ライトに照らし出された現場は文字どおりの〝地獄〟だった……」の書き出しに始まる記事内容はすさまじい。「……完全に形をなくした下り先頭車からは、顔と体の見分けもつかない死体が続々と運び出される。突然、『まだ生きている人が、照明灯をくれ』と消防団員のつんざくような声」
早大商学部一年の長谷川勇吉君＝横須賀市＝と同、藤田進君＝葉山市＝の二人である。つぶれた車体に足を挟まれて動かすことができない。衝突から三時間、がっぷりとのしかかった鋼鉄の車体はなかなか動かない。足や腹のわきでは鉄を焼き切る火花が激しく音をたてている。午前二時二五分、ついに救出された。声は出ないが「大丈夫だ」という表情。輸血をする看護婦さんの表情がホッとほころんだ。

こういう記事ばかりではない。悲しいニュースも次から次へと入る。

現場近くの鶴見区生麦病院には頭のない死体、太ももに番号をマジックインクで書かれた死体など目をおおいたくなるよう原稿もある。

下り電車の乗客だった横浜市保土ヶ谷区和田町、増田博さんが語る恐怖の一瞬も入ってきた。

「後ろから三両目に乗っていた。事故が起きる二分くらい前に車内の電灯が消え補助ライトがともされたが、それも間もなく消えてしまった。不吉な予感がした瞬間、ガーンという大音響とともに電車が大きく揺らいだ。非常ドアが開いたので線路に飛び出したところ、下り電車四、五両と上りの一両目が抱き合うように線路わきにはみ出し、車体はめちゃめちゃだった」

生かされていない教訓

原因についての記事も入る。貨物の運行に無理があったのではなかろうかという推測である。

直線コースに入った下り貨物列車がかなりのスピードで運転中、後ろの車両が脱線転覆した。この脱線で考えられる直接原因としては

1、車両の折損

2、貨車の浮き上がり

3、荷崩れ

4、スピードの出し過ぎ

があげられるが、このところ東海道線の貨物列車ダイヤが大きく狂っており、無理な運転が続けられていたとみられている。

国鉄は三河島事故のあと、乗務員の非常訓練や脳波検査など厳しい適性検査を行う一方、設備面でも事故防止に全力をあげてきた。しかし、これらの対策も旅客列車に重点を置くあまり、貨物列車運行の面までは十分に行き届いていなかったようである、との内容である。

これも大きく扱った。四段で、

〈貨物運行にムリ?

徹底せぬ大事故の教訓〉

〝ノーモア三河島〟を誓っていた国鉄に、教訓が生かされていないとの声は厳しく一斉に起こった。

三河島事故で息子さんを失った三河島事故前遺族会長・遠藤幸雄さんは「国鉄は人命の尊さを忘れている。たるみきっている。また息子が事故にあったようで胸がいっぱい」と怒りの記事。また作家の松本清張氏は「ノドもと過ぎれば熱さを忘れるというが時がたつと国鉄はまた事故を起こす。これは国鉄全体の勤務状態の仕組みに、根本的に不合理なところがあるからではないか。このさい、労働条件など根本から検討する必要がある」と手厳しい。

早大教授の中島正信氏は「列車事故を防止するには科学技術の進歩にまつほかはない。いかに機関士の運転技術教育を高めたり、発炎筒をたく訓練をしてもダメだ。列車が近づいた場合、自動的にストップし、脱線転覆など二重、三重の事故を起こさないようオートメ化しなければ事故は絶えない」

これらを〈根本的に検討せよ〉の見出しで掲載する。

「坑道にまだ一〇〇人の遺体が」

第二社会面は全面三池鉱の記事である。

大牟田発の原稿で、

「ゴーッ、というものすごい音とともに青黒い煙が高さ約一〇〇メートルまで噴き上げた。……第一斜坑入口付近の車庫はコナゴナに吹き飛ばされ、黒ずんだ鉄骨だけが不気味にそびえている。……爆風で飛んだ材木、スレート、コンクリートの破片は現場から約五〇〇メートル離れた商店街のガラス窓や屋根に飛んだ」――惨状が手にとるようにわかる内容だ。

〈黒い爆風、無残な三池鉱

破片、五〇〇メートル飛ぶ

遺体か　タンカでぞくぞく〉

これも五段トップの見出しである。

記事はさらに続く。

三池鉱業所病院には救急車が負傷者を次から次へと運んでくる。医師も看護婦も足りず大牟田医師会は緊急に市内の医師の応援を求めたという。

夜になった。坑口付近には十数基の照明灯が光を投げる。「よいさ、よいさ」、真っ暗な坑道から救助班のかけ声が響いてくる。第二斜坑口は、車を動かせないのでみんな坑道を歩いて死傷者を運び出している。タンカをかつぐ救助隊員のかけ声である。汗と泥まみれのその救助隊員の話は、生存を願う従業員家族の胸を暗くする。

「坑内はひどい荒れ方だ。いたるところに死体があり、第一斜坑の坑底には数十人が折り重なって死んでいた。口にタオルをくわえ、腕を組んだまま倒れている姿もあちこちにあった。爆発がよほどはげしかったのだろう。三五〇メートル坑道の人車には約一〇〇人がガスに苦しんだ表情で冷たくなっていた。壁の泥を口いっぱいくわえて倒れていた人もいた」

タンカの人は遺体なのか、重傷者なのか、坑口では確認されないまま救急車に担ぎ込まれ病院に直行する。不安な表情の家族や同僚はどっと走り寄るが、確認もできずオロオロするばかり。

こういった坑口付近の光景も細かに送られてくる。

また、坑内からのがれた採炭工の話からも当時の状況がよくわかる。

「午後三時一五分ごろだったと思う。作業が終わったので坑道の人車乗り場へ歩いていったら停電した。人車が走らないので四、五人で数百メートル歩いたところ、突然キャップランプで照らしても何も見えないほどゴミがいっぱいになり、目が痛く、ゴミが焼けた時のようなガスのにおいがした。後ろを歩いていた同僚が倒れたので、彼を連れ坑道をはうようにして安全な宮浦鉱への連絡道へのがれた。真っ暗な中で『苦しい』という声が聞こえたが、どこにだれがいるのかさっぱりわからない。そのうちに意識を失いそうになったが、何とか連絡坑道へのがれることができた。真っ暗な中で倒れた人の人工呼吸をした。二時間ほど経つと坑内灯が見えるほどゴミが少なくなったので、倒れている人たちを坑外へ運び出した」

〝保安〟で労使食い違い

日本一のマンモス炭鉱で、安全面でも「三池なら大丈夫」とまで言われていた三井三池鉱業所の悲惨な事故。どうして起こったのか、労使から取材した原稿も入ってきた。

組合側は「会社側に責任がある」と次の点を挙げていた。

1、会社が増産体制を急ぐあまり保安をゆるがせにしている。

2、生産部門に職員を重点配置しているため、保安面の監督や点検がおろそかになっている。

これに対し会社側は「保安には全力を注いでいる」と言い切り、さらに「保安問題については労組とも積極的に話し合いを進めている。保安をよくするためには現在よりも、もっとすっきりした職場規制を確立することと、鉱員の保安知識を高めることが第一だ」と指摘し、労使の言い分に食い違いがある、という内容である。

〈労使〝保安〟で食い違い〉の見出しをつける。

この面の左上には、〈どうか無事で〉と両手を合わせわが子の安全を祈る母親の写真が胸を打った。五段で扱い、その横に助かった人を見舞う家族や知人たちも大きく扱う。紙一重の生と死。その明暗は大事件のたびに描き出されるが、この事件も例外ではなかった。

最終版が刷り上がったころには夜が明けていた。有竹文太はきょうの朝刊勤務。B君も特集版勤務である。いったん帰宅することになり会社仕立ての車に乗った。同じ方向なので後部座席に二人で座るなりB君が口を開いた。

「ビッグニュースが同じ日に重なる。こういう経験をしたことがありますか」

「ないね。いろいろ勉強になるな」

「トップは二重衝突、二番手が三池鉱惨事でしたが、先輩もこのとおりにしましたか。死者は三池鉱の方が倍以上になっていますが」

「もちろん、二重衝突がトップだね。死傷者は三池鉱のほうがずっと多いが、事故の内容から言ってもね」

「やっぱりね、私もそうは思いましたが、三池鉱事故の死者があまりにも多いのでちょっと引っかかりました」

「鶴見事故は乗客の人命を預かる列車事故という点を重く見たいね。しかも一年前の三河島事故の教訓が生かされていない。オレは国鉄に対し怒りさえ感じた」

「怒り。そう、私も同感です。国鉄は何をしているのだと、どなりたくなるくらいでした」

「ただ、西部本社の場合は、三池鉱がトップだろうね。戦後最大の炭鉱惨事であるし、身近の事故だからね。東京とは違った紙面になるのは当然と思う。この点で価値判断が分かれる」
「それにしても、一つの事件だけでも精いっぱいなのに、ダブルパンチでは紙面展開が辛いですね」
「うん、やがて紙面はさらに拡大していくだろう。二〇ページ時代も遠くはないな」
大きなニュースを扱ったあと、いろいろ反省会を開くのが整理記者の常であるが、朝帰りの車中で、議論することもよくある。それがまたお互いの勉強になるし、それぞれを成長させていくのである。

鶴見の二重衝突は最終的には死者一六一人(三河島は一六〇人)、重軽傷者一二〇人になった。惨事の第一原因は、ゆるいカーブで貨車三両がせり上がり脱線したものとみられるに至った。国鉄の安全確保があらためてクローズ・アップされた。

三池鉱の爆発は、炭車が暴走して高圧線にふれてスパーク、引火したのが原因のようである。四五八人が死亡し、七一七人が重軽傷を負った。

いずれもが、人災が招いた惨事であった。

6

ケネディ大統領の暗殺

初の日米衛星テレビ中継に悲しい第一報

一九六三年一一月二三日

悲報と

ドレスを

ジャクリーン

で女子工員が焼死

選挙の結果をこう思う

ケネデ

遊説中、暴漢が銃弾三発

国際政局に重大影響

テキサス州ダラスで

物価問題

さ、すご

深い霧の中にただ一人、有竹文太はさ迷っていた。遠くでだれかが叫んでいる。答えようとするが声が出ない。その方向へ歩こうとするが、意のままにならぬ。突然強い力で体をたたかれた。

「あなた大変よ、すぐに起きて。ケネディ大統領が殺されたそうよ」

なに言っているんだ、変な夢だな。文太の頭の中はそんな風にしか響かなかった。

「起きなくていいのですか」

声がだんだん近くなってきた。そして、また大きく体を揺さぶる。

「……ケネディが……」

そのケネディという声がはっきり聞き取れた。一瞬、頭部を強打されたような衝撃が走った。と同時に飛び起きた。

「ケネディがどうしたって?」

「暗殺されたそうよ。テレビニュースで報じていたわよ」

「えっ、なぜもっと早く起こさないんだ」

「すぐに起こしたのになかなか起きないんですもの。しかたないから体をたたいて耳もとで大声を出したのよ」

「そうか、しまった」

文太はやっと深い眠りから目覚めた。文太は前日まで第三〇回衆議院議員選挙報道の特別担当者として取り組み、この日は休日だった。前日の徹夜の睡眠不足を取り返そうと、ふとんに体を預けたとたん、無我の人となっていた。

「休みは吹っ飛んだ。すぐ社へ行くぞ」

有竹文太は、選挙戦という大役を果したあと、休む間もなくケネディ暗殺事件の紙面づくりに加わることになった。

自民、前勢力確保の衆院選

第三〇回衆院選は一九六三年(昭和三八年)一一月二一日に行われた。即日と翌日に分かれた開票で、自民党が二八三議席を獲得した。解散時の議席に対し若干議席を失ったが、過半数を超え、無所属の自民党入りを加えると、前勢力を確保という結果になった。有竹文太はこの選挙戦で大奮闘した。

選挙は新聞社の大行事の一つである。全社をあげてこの報道に当たる。他社に負けてはならぬ戦いであるため事前の準備も着々と進められていく。整理本部でもデスク一人と部員二人が選挙専従として取り組む。投票の約一カ月半前に日常作業のローテーションからはずれる。「予想される選挙区別の立候補者特集」から始まるこの作業は選挙終了まで心身ともに疲れる。

万全な態勢でのぞんでも失敗することがある。それだけに準備には綿密な計画が立てられる。これをうまくさばくためにも、ベテランデスクと優秀な部員が要求される。

「有竹君、こんどの衆院選では君を専従班に入れることにした。頼むぜ」

有竹文太は一〇月上旬、Sデスクから肩をたたかれた。そんな予感をしていた文太だが、いざ本番となるとちょっぴり緊張する。同じ整理本部員の中でも優劣がある。長い経験があっても腕の伴わない者もいる。その一方、短期間にメキメキと腕をあげ、先輩を追い越す者もいる。専従デスクとしては、安心して使える〝兵隊〟がほしい。そこで若くても力のある者に白羽の矢が立つ。有竹文太は整理歴一〇年にも満たなかったが、その成長ぶりは衆目の一致するところだった。

「若いけれども文太にしよう」

デスクで、Sデスクの主張は異論なく決まった。その経緯も有竹は知っていた。

「やはり来たか」

その瞬間からファイトが湧いてきた。そして「期待に応えてやるぞ」と心に誓った。

まずはソツなくこなす

投票当日までの選挙特集面づくりなどもソツなくこなしてきた。開票に備えての準備もすべてOK。そしてその日が来た。

当時の選挙は即日開票と翌日開票に分かれ、即日の分は徹夜で行われる。各新聞社ともこの報道のため、日常の締切時間を大幅に延長し最新ニュースを読者に届ける。当選者の数がどれだけ入っているか、他社と比べてどうかを競うことになる。

この当落は、発表を待っていたのでは勝負にならない。活字も電波も、それぞれの方法で速報する。事前の選挙情報や投票所の出口調査、各候補別開票の進み具合で判断するのだ。すんなりといく選挙区では、開票間もなく当選者を出すこともできるが、微妙な選挙区ではぎりぎりまで待つことになる。読みを誤り、落選者を当選とするケースもよくあることだ。この最終判断は編集局内にある選挙本部で行うが、的確な事前情報の収集が判断を大きく左右する。

有竹文太はついに一睡もしないで朝を迎えた。即日開票報道はまずまずの紙面であった。毎日新聞の当選者は自民一九二、社会七八に対し、朝日新聞は自民一九一、社会七六で毎日が三人多かった。民社六、共産一、無所属八は同じだった。翌日開票は東京、大阪などの都市部である。前日第一党の実力を発揮した自民党は午前中に四六七議席の過半数を突破して、新政局の主導権を確保した。結局、期待されていた社会党は単独で三分の一に及ばず一四四議席にとどまった（改選前より七議席増）。民社党は九議席ふやし二三、共産党も二議席増の五という新分野になった。

この結果をもとにさらに二ページの特集面をつくり、有竹は解放された。夜もかなり深まったころである。編集局内は昨夜とは打って変わった静けさである。きのうからの疲れが局内によどんでいる。

「ミスらしいミスもなく幕は降りた。ありがとう。今夜はゆっくり寝てくれ」

Sデスクの声を背に家路についたのは〃午前〃に近かった。入浴後、家で飲む晩酌の味は格別だった。大きな事件、問題が落着した時に飲む酒は疲れを癒すのに効果的だが、この夜のアルコールはそれ以上に体内を熱く駆けめぐり、積もり積もった緊張を解きほぐしてくれた。

「あすオレは休日になっている。目を覚ますまでは絶対に起こさないでくれ」

妻にそう言って床に入った有竹文太が深い眠りに落ちていたころ、ジョン・F・ケネディ第三五代米大統領は凶弾に倒れていたのだ。

輪転機を止め朝刊最終版に突っ込む

ケネディ大統領はテキサス州ダラス市をオープン・カーで通行中に銃弾を頭部に受け二二日午後一時（日本時間二三日午前四時）すぎダラス市内の病院で死亡した。

悲報は地球を駆けめぐった。

「ケネディが撃たれた」

外信部Yデスクが大声を上げた。

「どこを?」、整理本部Nデスクの声に

「頭だ」

選挙戦が終わり、静かなうちにつくられていた二三日付朝刊も最終版がOKとなり、輪転機がうなりをあげて印刷中にこの一報が飛びこんだ。

「大変だ！　輪転機を止めろ」

整理本部に備え付けられたベルに当番デスクNの手がのびる。緊張のためかその手はかすかにふるえていた。

このベルはデスクに一つだけ置かれ、平常はフタをしてあり手をふれることはできない。これが押されると輪転、活版、発送などに響きわたる。現場部門は一斉に緊急事態発生を知る。もちろん輪転機は即時ストップする。

最終版の印刷も残り部数が少なくなっていた時だけに現場部門も、やれやれと肩の荷をおろしたくなったところだった。

ボタン一つは全社の眠気を覚ました。

この日のそれまでの一面トップは、選挙戦が終わったところでの政局展望だった。それを二番手に下げ、［ダラス（米テキサス州）22日ＵＰＩ］の速報をトップにした。詳細には欠けるが、ジャクリーン大統領夫人が「オー、ノー」と叫んだ一瞬も原稿に入っていた。

〈ケネディ大統領暗殺さる

遊説中、暴漢が銃弾三発

国際政局に重大影響〉

七段三本見出しである。そしてダラスの市中を自動車で行く死の直前のケネディ大統領の写真が間に合った。一面欄外には13版●〇印が入れられた。

新聞は配布地域によって内容が変わっていく。遠隔地は締切時間が早いためその時間までに入ったニュースでつくられる。その後、新しい大ニュースが入ると、その記事を優先した内容にする。こうして一時間前後の間隔で中身が変わる。そのつど輪転機は止められる。この場合、紙面の欄外に印をつけて区別する。東京本社の朝刊は6版から13版（のちに14版）に分けて印刷されるが、大事件の場合は、それぞれの版の中でも印刷を止めてさらに〇とか●印を入れた〝追い掛け版〟をとる。この日はケネディ暗殺で、同じ13版地域でも「13版」

「13版●」「13版●○」の三つの紙面に分かれた。

朝刊は時間的にもこれが精一杯。しかしやらなければならないことがいっぱいある。この日の朝刊組は、号外発行、夕刊準備で徹夜態勢に入った。きのうは選挙で、今夜はケネディ大統領暗殺。編集局内は再び〝戦争〟になった。

まずは号外発行

号外は編集局の判断で発行する。整理本部と取材部門で事件の規模によって出すかどうかを決める。ケネディ大統領暗殺のようなビッグニュースともなれば、ためらうことはない。新聞一ページ大で表裏の号外はすぐにつくられた。

新聞は各新聞社とも創刊の一号以来、通常は一面の左上欄外に連綿として加算された発行数字が記される。しかし号外発行は例外として入れない。そこで、号外と言うのである。毎日新聞の一一月二三日付朝刊は３１４６４号だった。号外発行が決まると、整理本部は販売局に連絡し、販売局が配布の手配をする。大きな事件になると販売サイドも心得たもので早々とその態勢づくりに当たる。戦争中は腰に鈴をつけてチャリン、チャリンと鳴らしながら巷を駆けめぐった。どこの新聞社が一番早く鈴を鳴らして駆け出したかを競った時代もある。しかし現在では鈴の音はなくなった。大きな駅とか繁華街で「号外、号外、ケネディ大統領暗殺」と叫びながら配られた。

さあ、夕刊だ、八つの面にニュース展開

号外が終わると夕刊作業である。ワシントン北米総局から入る原稿が外信部に殺到する。同部も早朝から非常態勢に入った。関連取材で社会部、政治部、経済部なども慌ただしくなる。もちろん整理本部も抜かりはない。当日の夕刊番が平日より早く出社し、朝刊残留組から引継ぎを受ける。当番以外の本部員も続々と駆けつける。

大事件の時は必ず紙面動員がある。平常のニュース面だけでは収容しきれない。そこで不急の企画ページを後日にまわしたり、広告減段などをしなければならない。人海戦術が必要となるが、人手不足で困るということはまずない。非番組の者が朝のニュースで知り、〝特別召集〟をかけなくても飛んでくる。それぞれが紙面づくりの使命感に燃えているからである。

二三日付夕刊は一二ページ。一面は「近時片々」と天気図、おきまりの記事下三段広告以外はすべてケネディ暗殺もの。これに関するものとして二、三面にジョンソン新大統領の横顔、各界の哀悼談話。五面にケネディ大統領の業績、日本への影響、六、七面に見開き写真特集（グラフ面）。一〇、一一の社会面もほとんどこの事件に関するものを掲載することになった。

これが夕刊作業着手前に、整理本部が取材部門の出稿予定をもとにたてたこの日の紙面割《わり》である。一面、二面、社会面は当番担当者が取り組むが、他の面は応援組が当たる。朝食もとらずに駆けつけた者、前夜飲み過ぎて二日酔い気味の者などいろいろ。A君とB君は三面、C君とD君は写真特集といった具合にデスクが割り振る。

「うーん、グラフ面は二ページだから二人ではきついな。もう一人つけるか」

その時である。

「やあ、遅れてすみません。女房にたたき起こされましてねー」

「おお、文太、来てくれたか。君はまだ選挙の疲れがとれていないだろう」

「とんでもない。そんなことよりオレにも何かまわしてください」

「そうか、グラフ面にもう一人いるところだった。では、そっちを応援してくれ」

デスクと有竹文太との話はすぐに決まった。

文太は実は、編集局に入るのにちょっと気後れしていた。大事件で駆けつける時、だれもが早く仲間入りしようと張り切っている。遅れて到着すると、みずからを責めたくなる。整理本部一帯は取材部門との打ち合わせや原稿のやりとりで、異様な雰囲気に包まれている。今ごろノコノコやってきたのかと思われたくない。まわりは、そうは思っていないのだが、〝負け犬〟的な気持ちにとらわれやすい。

「文ちゃん、グラフ仲間に入ってくれるのか。よかった、よかった。写真が殺到しているので大助かりだ」

同期のM君だ。彼も非番だったが文太より一時間ほど早く到着したとのこと。この一声で文太の気持ちは楽になった。スムーズに仕事に入ることができた。

文太は常に思っていた。大事件の時は当番の担当者は当然のことだが、応援組の出来、不出来が大きく紙面づくりに響く。応援組はいわゆる〝球拾い〟である。きょうはこの球拾いになったのだ。オレならではの球拾いになってやろう。

写真特集の六面は事件のなまなましいものを、七面はケネディ大統領誕生以来の足跡を中心にしたものにすることにした。現地からは次から次へと写真が入る。最もニュース性があり、迫力のある写真を一面に掲載、あとをそれぞれに振り分ける。

夕刊は早版の2版（北関東と静岡、山梨両県）から始まり4版までである。朝刊と同じで、それらの地域向けにつくった紙面をそのまま最終版まで使うことはまずない。よりすぐれた内容の写真や記事が来るからである。3版、4版と版が進むごとに中身も変わっていく。この六面の見出しは〈一瞬、襲った〝魔の銃弾〟〉である。

一方、七面の足跡ページは〈悲劇の大統領ケネディ〉の見出しをつけ、写真だけでなく、ケネディ大統領の横顔を記事として入れる。いずれも資料をもとにつくる。

資料は編集局内の調査部に保存されている。記事は取材部門がまとめるが、写真は整理本部員が調査部から直接持ってこなければならない。すでに号外用として使用したものもあるが、それだけでは足りない。文太はすぐに調査部（現在は情報調査部）へ飛んだ。

「ケネディ関係の資料写真を全部出してくれ」

文太を待っていたかのように、調査部でも用意をしていた。

調査部には記事も写真も索引しやすく整然と保存されている。国内はもちろん国際的にも著名な人物や、政治・経済・社会・スポーツ・学芸などの事項は、どのジャンルでもすぐに手にすることができる。

ケネディ大統領の場合、在任二年一〇カ月の足跡は膨大な資料となっている。その中からどれを掲載するかを短時間に決めなければならない。二〇枚ほどをまず選び整理本部に持ってくる。この中から五、六枚を選んで割り付ける。最終版では会心ともいえる内容になった。トップは、一九六一年一月二〇日、ワシントンでの大統領就任式で、ニュー・フロンティア精神の第一声を放った写真を大きく扱う。若さみなぎるこの精神がケネディ政策を貫く基本であり、原動力であった。象徴的でこれにまさるものはなし、とした。その左に第一次キューバ危機でキャンプ・デービッドに前大統領アイゼンハワーを訪れ、打ち合わせをした時の写真。アイクと連れだって静かな林の中を歩むケネディ大統領の全身に苦悩が漂うような図柄。そして大統領就任後半年足らずでフルシチョフソ連首相との初会談、また六一年六月、池田首相がホワイトハウスを訪れた際、日米友好の必要を説き堅い握手をしたのも加えた。

政治的なものばかりになってしまうため、最後に「よきパパ、ケネディ」も入れることにした。ホワイトハウスの執務室に満二歳の誕生日を迎えたジョン君がカロラインちゃんと訪れ、ダンスを踊っているのを、机を離れ、拍手を送って喜ぶよきパパぶり。

この面は終わった。しかし六面はまだまだで、4版に●印を入れ、さらに新しい写真を加えた。最終版には、トップに事件発生直後の現場付近の光景。手前に恐怖のため地上にうずくまる沿道の人たちとカメラマン。その向こう側に狙撃されたケネディ大統領を病院に運ぼうとする自動車の列。そのほかに五枚掲載した。暗殺直前のもの、アンドリュース空軍基地で飛行機から降ろされるケネディ大統領の柩を見守るジャクリーン夫人と弟のロバート・ケネディ司法長官、暗殺に使われたとみられる望遠照準付き七・六五口径モーゼル銃、狙撃現場、死を悲しむ黒人婦人たちである。

写真特集面も最終版にかかるころには、有竹文太も手伝うことがなくなった。といってこれで仕事が終わったわけではない。球拾いは、当番担当者が見落とすようなことをチェックするとか、先読みしてカバーする必要がある。有竹文太はその点、名プレーヤーとの定評があった。

この日も早版の刷りを見ては、抜かりはないかと内野、外野を走りまわった。しかしこぼれ球はみつからなかった。裏を返せば担当者がしっかりしていたのだ。

一面は、朝刊最終版の追い掛け版と重複するが、〈ケネディ米大統領暗殺〉の二段左右いっぱいの横見出し、その下に六段見出しで

〈暴漢の銃弾、頭部に命中

ダラス市　遊説中、自動車内で〉

ケネディ大統領顔写真の下に前文、その横に〈ノーと頭を抱く夫人〉の四段見出し。三段で〈警官追跡、容疑者逮捕〉が入る。男はリー・H・オズワルド（24）と言う。二番手には五段で

〈ジョンソン氏が昇格

異例　機中で大統領就任式〉

を入れる。

ケネディ大統領暗殺のあとを受けての第三六代大統領は副大統領から昇格のリンドン・ベインズ・ジョンソン氏。二二日午後三時三九分（日本時間二三日午前五時三九分）、ダラスからケネディ大統領の遺体を乗せ、ワシントンに急行する大統領専用ジェット機の中で、ヒューズ連邦地方裁判所判事が立ち会い就任の宣誓が行われた。ケネディ夫人、ジョンソン夫人、

その他数人のホワイトハウス当局者や議員の見守る中での米国史上はもちろん、世界史上例をみない劇的なうちに新大統領が誕生した、という内容のワシントン特派員原稿である。新大統領の横顔は二面にまわす。

一面のニュース写真は狙撃された直後のケネディ大統領車とジョンソン新大統領の宣誓、そして逮捕された容疑者オズワルドの三枚を扱う。

初の日米テレビ中継実験にこの悲報

この日は皮肉にも日米間を結ぶ初のテレビ中継実験の日だった。輝かしい試みは見事に成功した。しかし、その電波には「ケネディ大統領暗殺」の悲報が乗ってきた。

リレー衛星を使って太平洋に電波の架け橋。この夢が実現したのが二三日午前五時二七分四三秒（日本時間）。ケネディ大統領が凶弾を受けた約二時間後だった。予定されていた大統領のメッセージはついに送られてこなかった。第一社会面はこのニュースをトップにした。そして第二社会面に関連記事を掲載した。

「輝かしい試みに、悲しいニュースをお送りしなければならないことをまことに残念に思います」「毎日放送ニューヨーク特派員、前田治郎さんの声は沈んでいた」——に始まる本文記事。

そして二回目の実験が行われた八時五八分からの一五分間、前田特派員はニューヨークから静かな口調で電波に乗せてきた。

「ニューヨークでは昼休みの時間にこのニュースが伝えられました。街角の新聞スタンドでは、争ってこの報道の載った新聞を買う姿が見られます。学校も閉鎖されて、家路に急ぐ子供たちの姿も、悲しみに満ちています」

「ケ大統領の遺体は今、ホワイトハウスに送られました。ジョンソン副大統領が飛行機の中で宣誓を行って大統領に就任しました」

鮮明な画面には、ありし日のケネディ大統領の元気な姿、また刻々とナマのニュースが伝えられる。科学の偉大なる成果を目のあたりにさせる初中継は、衛星を通じて送られてきたものとは思えないほど——といった内容の記事である。

電波の受信に成功した国際電電茨城宇宙実験所の喜びと、日本全国のブラウン管に映るまでの仕組みについての原稿も入る。この部分は第二社会面にまわす。

その仕組みはこうである。

まずリレー一号衛星が太平洋にさしかかった瞬間、米カリフォルニア州モハビ地上局のアンテナから電波が衛星に向けて発射された。リレー衛星はこの電波を受けて増幅し再び地上へ送り返した。国際電電茨城宇宙実験所では大アンテナでこの電波をキャッチ、同実験所から電電公社のマイクロ線などを通って、普通の番組と同じようにして全国中継された、とのことである。この成功は、翌年のオリンピック東京大会でのテレビ実況世界中継実現へ大きく前進することを意味していた。

毎日放送ではアメリカのABC放送とネットワークを組んでいる。前田特派員はリレー衛星の打合せのためABC放送へ出向いたが、大統領の悲報にめぐり合わせ、ピンチヒッターとしてのアナウンスとなったようである。

こういった内容を

〈悲報とびこんだ初中継＝テレビ実験〉

の一段横見出し、その下に五段縦見出しで

〈遺影を鮮明にうつして
　刻々、悲痛な街を
　　毎日放送・前田特派員の声〉

で報じた。

写真は、リレー衛星から受像されたケネディ大統領（NHKテレビ）を四段で大きく扱う。また、ファースト・レディから一瞬にして悲劇の人となったジャクリーン夫人の北米総局原稿を四段見出しで扱う。見出しは

〈ドレスを夫の血で染めて
　ジャクリーン夫人　悲劇の未亡人に〉
とした。
そのほか〈半旗も重く米大使館、ことばなし　ライシャワー氏〉の見出しで、悲報に接した在日米大使館の模様が描写されていた。
第二社会面では、暗殺の舞台となったダラスの町をトップで報じた。
〈保守と因習の町、ダラス
　反ケネディの中心
　　狂信的、北部に強い反発〉
このほか評論家・坂西志保さんら数人の話、早朝ミサで祈りを捧げるカトリック信者、朝早く配られた号外を食い入るように見る人たちの原稿で埋められた。
第一、第二社会面とも4版●までねばり、ホットなニュースを入れた。
夕刊は終わった。しかし朝刊も続報など関連記事で平常態勢では応じきれない。新たな紙面割がつくられる。
「応援はどうなっていますか」
有竹文太は朝刊担当デスクに聞く。

「うん、人の手当てはすでにできている。君は選挙慰労休暇が吹っ飛んでしまったな。あすの代休を考えている」

「じょうだんじゃない。あすの私は夕刊本番になっている。そのつもりでいますから」

「そうか、ではそうしてもらうか。いずれ埋合わせをするから」

夕刊最終版が刷り上がった。陽は西に傾いている。インクの香が残る新聞を手に有竹文太は編集局を出た。仲間三人と三階から一階までエレベータに乗った。玄関を出るとすぐ有楽町駅である。改札口を左側に見ながら、だれもそちらに足を向けようとはしない。そのまま真っすぐ歩く。そこは飲み屋街〝すし屋横丁〟である。

「どこにするか」

「いつものあそこでいいだろう」

それだけで通じるのである。

疲れきった体に酒はいい。あすは夕刊だから早く帰って寝たい、と思う一方でアルコールの魅力にのめり込んでいく。

「ケネディ暗殺とは驚いたな」

文太が、妻にたたき起こされた話を始める。

「しかし、文ちゃんは気の毒だったな。選挙の疲れがとれないうちだものな」

「これだけの大事件はめったにないことだ。世紀の一ページをつくる感激、これがわれわれ整理記者の生きがいさ」

話ははずむ。そして、

「ケネディの死、これはアメリカにとっては大きな衝撃だね。国際的にもこれがもたらす影響ははかり知れない」

「副大統領のジョンソンが大統領に昇格したが、彼には重荷ではないか」

「言えるな。彼は保守的のようだし、ニュー・フロンティアを掲げたケネディとは極めて対照的だ」

「日本にとっても、大きな関心事だ」

「しばしお手並み拝見といくか」

「そんなのんびりしたことを言っていられないんじゃないか」

酔うほどに天下国家を論じたくなる。文太もこういう議論が好きである。

「ラストオーダーをお願いします」

閉店時間が迫っていた。

「もう、そんな時間か」

「ちょっと流れよう」

「どこへ」

「新宿のあそこがいい」

タクシーを拾って二次会場へ向かった。もう帰宅が〝午前〟になるのは避けられない。

「これも仕事のうちさ」

文太はつぶやいた。

7

東京オリンピック、胸を打つドラマ
ヨットレース中に他国選手を救う

一九六四年一〇月一四日

レース中止して救う
落ちた他艇の乗員を
スウェーデン

少年通り魔
「犯人を一日も早く」
被害者の母、沈痛な訴え

レスリング
ローマの誓いはたす
〝鬼の八田〟もうれし涙

大観衆、

オリンピックにはドラマがある。東京オリンピック（一九六四年＝昭和三九年）もそうであった。「より速く、より強く、より高く」の記録に挑むのは当然だが、世界の若い血が競う祭典には、心あたたまる人間ドラマがいくつも生まれる。有竹文太もそれらのドラマに酔った。

「レスリング〝鬼の八田〟でいくか」

東京オリンピックも開幕して五日目の一〇月一四日にまずその人間愛は咲いた。この日、文太は朝刊社会面の担当デスクであった。オリンピックが始まってから、社会面も関連ニュースでにぎわうことが多い。

「きょうもトップはオリンピックものですね」

本番担当のA君。

「そうだな。レスリングの〝鬼の八田〟でいくか」

文太も腹の中ではこれにまさるものなしと決めていた。

四年前のローマ大会で無念の涙をのんだ日本レスリングチームが、フリースタイルで三個の金メダルをかちとった。そして銅一つ、五位入賞二人の輝かしい成果。同じ日に同じ場所で「君が代」が三回、日の丸四本に日本中が沸いた。しかしこの陰には、八田一朗全日本アマチュア・レスリング協会長の、ことばに言い表わせない汗と努力があった。

ローマで惨敗した時に八田会長は「全員坊主になれ。オレも坊主になる。これが国民へのお詫びのしるしだ」と言い、会長はじめ全員が髪を刈った。

「汚名の返上は東京大会で」を合い言葉にマットにかけた誓い、それがやっと結ばれたのだ。

「うれしいんだよ。ちくしょう」八田会長は声を詰まらせて選手たちの努力を称え労をねぎらった。

〈ローマの誓いはたす
〝鬼の八田〟もうれし涙
セガレども、でかした〉

堂々たるトップである。

ところがである。

このニュースに目を奪われていたころ、こんな記事がA君のもとに飛び込んだ。

「ヨットレースの真っ最中にオーストラリア艇の選手が波間に転落、艇も間もなく沈没した。せり合いをしていたスウェーデン艇がこれを発見、レースをいったん中止して好敵手を救助した」

という内容である。

本番のＡ君は軽く受け止め、ベタ記事程度の扱いにしてデスクにまわした。

本番とは、整理本部員のうちでも実力の伴う優秀な〝兵隊〟で、当日のデスク補助的な重要な仕事をする。出稿側から出される原稿を本番が価値判断をし、見出しをつけてデスクに渡す。紙面のレイアウトも本番がする。

デスクはデスクなりの判断で、そっくりそのまま紙面化することもあるが、まったく逆な場合もある。最終的にはデスクが決めるのだ。

ベタ記事をトップへ

有竹文太は原稿を見るなり怒りを感じた。

「なんだ、この原稿は。しかもベタ扱い。とんでもない、よく読み直してみろ」

いつにないデスクの怒りにＡ君は
「えっ」と言ったまま。

「原稿の書き直しだ」

デスクから原稿が投げるように返された。

瞬間、Ａ君は感じた。

「しまった、扱いを誤った」

最初、原稿を手にした時、いい話だとは思った。しかし出稿側もそれほどの高い価値感をこのニュースに持っていなかったようだ。それにレスリングのうれしい話題がある。デスクもさきほどはそのように言っていた。そこに心のスキがあった。

次々に飛びこむニュースを冷静に判断しなければならない整理部の仕事。時間の経過とともに、よりニュース性の高い記事がくれば、ためらわずにそれを優先する。早版のトップが最終版でベタ扱いになることもある。わかっていながら抜かった。

A君は顔面から血の引くのがわかった。ともかく出稿側に飛んだ。

「この原稿を書き直してくれ、トップにしたい。関連写真も至急集めてくれ」

文太デスクの鋭い声は出稿側にも届いていた。

「うん、今手配するところだ。確かに価値あるニュースだ。オレのほうもまずかった」

出稿デスクも苦笑しながらすぐに応じた。こういう場合、出稿側と衝突することがある。整理サイドの考えに出稿側が応じない場合で、侃侃諤諤《かんかんがくがく》、両者間で意見がかわされる。最終的にはどちらかが折れるか、妥協点を見出すことになる。今回はその点スムーズにいった。

突風吹き荒れる相模湾

出稿側デスクからすぐに筆者のもとへ指示が飛ぶ。書き直し原稿は一時間足らずで整理本部の手に入った。

最初一〇行程度の原稿が約一〇〇行に及ぶ内容になっていた。

一四日は朝から瞬間風速一五メートルの突風が吹き荒れていた。相模湾江ノ島沖でのＦＤ級ヨットレースには二三カ国が参加し、午前一一時にスタートした。スピードが生命のヨットレース、なかでも舟足を誇るＦＤ級は激しい争いとなった。

レースのやま場になる第三マーク・ブイの近くでは各艇とも強風をまともに受けて苦戦を続けた。トップ・グループでマークを回航しようとしたオーストラリア艇のチャールズ・ウィンター選手は全身を艇の外に乗り出してキール（傾斜）をかろうじて保っていたが、手を滑らせ、あっという間に波間に姿を消してしまった。

オーストラリア艇はそのまま一〇〇メートルも走ってから、ウィンター選手の落ちたのに気づいた。艇長が吹き荒れるマストにへばりついてウィンター選手の姿をさがしたが、そのうちに艇も沈み救助は不可能になった。

事故を知った海上自衛隊の警備艇がレース海面に近づくにも時間がない。目撃していた観衆や大会関係者はハラハラするばかり。そんな時にスウェーデンのキエル兄弟が操る〝ハヤマ号〃がトップ・グループを追いかけ第三マークにさしかかった。

〃ハヤマ号〃は波間に見えがくれするウィンター選手を発見した。兄弟は「レースより人命救助が大切だ」と、いったんレースを中断した。そして一〇〇メートル以上もバックし、救命具をつけたまま波にもまれているウィンター選手にロープを投げて救い上げた。

兄弟は一九六三年、六四年のスウェーデン選手権を持つベテラン。兄のラースさんはペンキ商、弟のスリグさんは工科大学の学生。母国の期待と栄誉を背負い、オリンピック一筋に厳しい練習を重ねてきたが、このレース中断は記録面で大きなマイナスとなった。

スウェーデン艇の兄弟は救助作業のあと戦列にかえり最後まで力走した。しかし成績は完走した艇のビリから二番目の一二位だった。

この日、五種目のレースが行われたが、参加一〇九艇のうち二七艇が沈み、二七艇が故障などでレースを棄権した。それほどの悪条件だった。

スウェーデン・チームの快挙はレース終了後にヨット・ハウスで開かれたジュリー会議（審判委員会）でも話題を集めた。

という内容で、写真も二枚入った。一枚は転覆したオーストラリア艇の上で手を振りウィンター選手の救助を求める艇長。それと救助したスウェーデン艇の兄弟。

関係する記事として小沢吉太郎日本ヨット協会副会長の談話が入った。

非常に美しい話で、オリンピック史上にとどめたいと小沢副会長は語り、国際ヨット連盟の規定に「もしも人命救助のため勝機を逸したチームに対しては再レースを行う」とあるため、競技終了後に国際審判団で討議したが再レースは行わないことになった、と説明した。結局、スウェーデン艇の一二位が決定した。しかし兄弟は「自分の記録など考えず、ただ夢中で救った」と言葉少なに語ったとの記事。それと助けられたウィンター選手の「強風で帆の向きを変えようとしたとたん海に投げ出された。スウェーデン艇の兄弟には心から感謝している」との記事。

これだけの内容があれば十分だ。

〈これぞ人間愛の金メダル
　レース中止して救う
　　落ちた他艇の乗員を〉

トップ五段の三本見出しはすんなりとできあがった。ベタ記事からトップ。有竹文太は本番のA君の見出しに赤筆を入れることなく紙面に出した。

そして、レスリング快勝の喜びは二番手として、これまたうれしい話題として紙面を飾った。

仕事のあとの反省会

最終版を降版したあと、整理本部の一隅では反省会が開かれる。といってもむずかしいことを論じるのではなく、その日一日の紙面作成上のことで反省し合うとか、時事問題、あるいは雑談で時間を過ごす。日本酒か、ウイスキーの水割りなどをチビリチビリとやりながらの会はなごやかだ。仕事が終わった解放感も手伝って、ほろ酔いの気分になる。しかしまだ完全に仕事が終わったわけではない。大事件が起きた場合に備えての待機である。

「デスク、きょうはやられました」

「ヨットレースのことか。そういうこともあるよ、気にするな。ただ、原稿を手にした時は、鵜呑みにしないことだな。書き直しの手配はよかった。心あたたまる記事になったと思う」

「勉強になりました」

「まあ飲めよ」

有竹文太はA君の心のうちがよくわかる。文太もデスクに叱られた経験が数多くある。それは、やがて血となり肉となっていくが、失敗した時の心の傷は深いものだ。その傷を癒せるのは本人しかいない。まわりはやさしく見守ってやるだけだ。

湯のみ茶わんに一升ビンの冷酒をつぎ足す文太に、A君は深く頭を下げた。反省会の席にはほかの紙面を持った担当者も一緒にいるが、みずからへの教訓として肝に銘じていく。

最終版が刷り終わった。ここで帰宅するものは会社の車で家路につく。当直者は宿直室に向かう。

「君は泊りか」

文太デスクはA君に声をかけた。

「そうです」

「オレも泊りだ。ちょっと表の空気を吸うか」

「いいですね。お伴します」

A君の顔がほころびた。文太はその顔を待っていたのだ。反省会でもA君は終始沈んでいた。それを見て見ぬふりをしている文太も辛かった。

二人で社外に出た。当時の毎日新聞東京本社は有楽町駅前にあった。あたり一帯は徹夜で営業をしている飲み屋がいっぱいある。中華料理店のノレンをくぐる。

「君は焼酎だったな」

「オレも口直しにそれにするか」

A君が注文する。

「梅割り二つ」

これで通じる。一合コップについだ焼酎に、紅色の液体をたらす。それだけのもので梅ぼしは入っていない。淡いピンク色の液体梅割りは決してうまいものではない。しかしアルコール度がかなり高いので酔いのまわりは早い。それにつまみとして、ギョウザと酢豚をとる。空きっ腹にはこたえられない。

「君のところの子供はいくつかね」

「ええ、坊主が一人、今、幼稚園の年長組です」

「かわいい盛りだな」

飲みながら文太は子供のことを話題にした。今夜のような場合は、もう仕事抜きでいく。愛児の話になると顔がほころぶ。社内で飲んだ酒とここでの焼酎でほんのり顔を染めたA君は口も軽くなってきた。

「もう一杯いきますか」

「いいね、注文してくれ」

こうなると会話もなめらかになる。文太も三人の子供が小学生と中学生で、その成長の模様を話したりする。

時間が経つのは早い。山手線も京浜東北線も動き出したようだ。ガード下にある店なので手にとるようにわかる。

「もどって少し眠るか」

「そうですね。ごちそうさまでした」

勘定の払いは当然デスクである。外はすっかり明けていた。いつものことながら文太は両腕をいっぱいのばしながら深呼吸をする。よごれていた大東京の空も一夜過ぎると、きれいに洗われているようだ。きょうもこの空のもと、若者のすがすがしい技の競い合いが展開される。前を歩くA君の足どりも軽く感じられる。

ハプニング！　閉会式

第一八回オリンピック東京大会は一九六四年一〇月一〇日から二四日まで開かれた。参加九四カ国・地域、その規模もかつてなかったものだ。「世界は一つ」の合い言葉のもと、オリンピック史上初の宇宙中継もあった。一六二種目に参加選手・役員七、五〇〇人。日本代表は三七一人（役員を含む）で、過去のどの大会よりも多い参加者であった。そして金メダルが一六、銀五、銅八というすばらしい結果であった。

さわやかな闘いは終わった。いよいよ閉会式である。

午後五時きっかり、小雨模様の中、オリンピックマーチが流れる。ギリシャを先頭に各国国旗が整然と入場。ここまでは予定どおりだったが、そのあとスケジュールにないことが起きた。八列縦隊が建前となっていた選手団が一団となってトラックへ。そして肩を組み合う者、走りおどける者、日本式のおじぎをする者。満員のスタンドからは手拍子。国立競技場は選手も観客も一体となって、沸きに沸いた。

若いエネルギーがはちきれるようだ。若者のハダカの心がぶつかり合った。そこには国境もない。まさに「世界は一つ」だった。

テレビでナマ放送を見ていた有竹文太はびっくりした。というより「これはいかん」と叫んだ。

「予定稿の書き直しだ」　出稿側も同時に叫ぶ。

閉会式は夕方になるため、締切り時間の早い地区は式が終わってから書き始めたのでは間に合わない。そこで予定稿を用意する。あらかじめ手元にあるスケジュールをもとに原稿を書いておくのだ。内容的には迫力に欠けるが、次の版から描写を加えた原稿に書き替える。締切時間の関係でそうせざるを得ない。しかし閉会式の情景はまったく予想外のものとなった。そのままの予定稿では使えない。

午後六時までには降版しなければならない。ここでまた時間との戦いだ。

「原稿はあと何分でもらえるか」

「今、やっている。しかし全面書き直しは無理かもしれん」

「とにかく、この感激的な場面を入れないことにはニュースにならん」

出稿側とのやりとりにも熱が入る。すでに組み上がっていた予定稿は大きく書き替えられた。ギリギリの時間で滑り込みセーフ。突然な書き替えなので、十分とは言えないまでもまずまずの出来だ。

大会期間中の緊張からときほぐされた瞬間、世界の若者たちが抱く友情が一気に燃えたのである。文太は仲間のデスクに言った。

「オリンピックは最後までドラマがあるな」

同僚は答えた。

「あの感激の炎は永遠に消したくないね」

8

一カ月に旅客機墜落三件

全日空機、カナダ機、ＢＯＡＣ機

一九六六年二月四日、三月四日、五日

「デスク、ちょうど一カ月前に全日空機の事故がありましたね。あの時も同じ組み合わせでした。きょう、また、なんてことはないでしょうね」

「おおそうか、あの時の本番は君だったたか。よせよ、またなんて。冗談にもそんなことを口にするものじゃあないよ」

有竹文太デスクは一カ月前の全日空機墜落事故を思い出した。

それは一九六六年（昭和四一年）二月四日の金曜日に起きた。

午後五時五五分、乗客一二六人を乗せ北海道千歳空港から羽田に向かった全日空ジェット旅客機（ボーイング727型機＝乗員七人＝）が六時五九分、千葉市東方の上空から無電連絡したまま行方不明になった。空と海から捜索を開始したという第一報がことの始まりだった。

午後一一時半過ぎ、東京湾羽田沖東南東一五キロの海上で捜索船が遭難機体の一部をみつけ、近くの海上で犠牲者の遺体一九体を発見した。これにより羽田空港着陸寸前に同地域で墜落したことが確実となった。結局、エンジンの故障か失速によるかは不明だが暗夜の海に墜落して乗客、乗員一三三人全員が死亡した。

わが国の航空界始まって以来最大の事故で、有竹デスクはほぼ徹夜で紙面作成に当たった。特に、消息不明の第一報が入ってから、遭難が確認されるまでの間と、全員絶望がはっきりした時点での紙面作成に汗を流した。

その時の本番がT君だった。本番とは、硬派関係で一人、軟派関係で一人、それぞれデスクの片腕となって紙面作成に当たる整理経験豊かなベテラン記者である。デスクと本番の息が合わないといい紙面ができないとさえ言われる。

デスクと本番が同じ組み合わせになることは、そうしょっちゅうはない。先月の四日も金曜日、きょう三月四日も金曜日、そしてあの時と同じデスク・本番の組合わせ。そんなところからT君が〝予感〟めいたことを言ったのだ。

「君はどうか知らんがオレは行いがいいから、〝また魔の金曜日〟なんてことにはならないよ」

「それはこっちのセリフですよ。まあ、平穏であってほしいですね」

朝刊勤務に入った有竹デスクとT君だったが、やがてそれが現実のものになろうとは——。

一日中濃霧がたちこめる羽田空港に向かっている旅客機があった。カナダ太平洋航空（CPAL）のDC-8型機（マクニール機長）である。この日、日本本土は霧に包まれ、夜になると視界ゼロに近い状態となった。

午後四時一四分（日本時間）、同機が香港空港を離陸した時から羽田空港の視界は〇・八キロ。これは着陸のための最低気象条件を上下する異常気象だった。その中を午後七時二〇分すぎ、千葉県木更津上空まで飛んできた。

「視界が八〇〇メートル以下だから着陸できない」

羽田空港管制塔はDC‐8型機に指示した。機長は「なるべく羽田に着陸したい」と管制塔に連絡し、木更津上空を旋回しながら待機した。

しかし霧はすぐに晴れなかった。羽田着陸をあきらめた機長は「代替飛行場の台北へ行く」と連絡し、木更津上空から館山方面へ向かった。代替飛行場とは、目的の空港に着陸できない場合のためあらかじめ定めておく空港のことで、機長は台北空港行きに腹を固めた。その一分後、羽田空港の視界は着陸最低気象条件をわずかに越える視界一、〇〇〇メートルに回復した。

八時八分、管制塔から連絡を受けた同機は「羽田に引き返す」と告げ、八時一〇分に木更津上空を通過した。この時の高度は九〇〇メートルで、規定にかなっていた。その四分後に管制塔のレーダーに火柱が映じた。

霧の羽田空港に着陸失敗

社会部の一角が慌ただしくなった。

「なにっ、飛行機が羽田空港に着陸失敗?」

受話器を耳にした社会部員の大声が整理本部にも届く。すぐに第一報記事が来た。一帯は総立ちとなり、現場へ飛ぶ者、取材手配などで騒然となった。〝戦争〟の始まりである。

「やっぱり来たか」

有竹デスクは本番のT君を見た。T君はすでに席を立ち、社会部へ走り出すところだった。その目はもう血走っている。社会部と整理本部との距離は歩いて一二、三歩。まず状況を把握しなければならない。

「乗客はどうなんだ」

文太は自席から社会部デスクに怒鳴るようにして聞く。

「炎上しているらしい」

これは厳しいぞ。当然トップ記事である。T君の予感が不幸にして当たってしまった。

「それにしてもこんな濃霧の羽田に着陸しようとするなんて無茶だよ」

どこかで言っているのが聞こえた。有竹は一面トップの見出しを考えた。

〈霧の羽田で旅客機炎上〉

まずこれを主見出しにしよう。

原稿が入り始めた。さきの第一報記事の替えである。こういう場合、不完全でもまず知り得た情報をもとに原稿が取材現場から送られてくる。そのあと次から次へと新しいなまなましい内容が届く。締切時間をにらみながらこれらを入れていく。

事故発生時間がちょうどセット早版地区の作成にかかるころだった。当然、すべてのニュースに優先する。

セット早版地区とは、夕刊・朝刊をセットした地区に送る最初の地域のことで、北関東、静岡、山梨などがその対象になる。セット早版地区がすめば次は南関東地区、そして東京都下、都内向けとめまぐるしくつくり替える。

レーダーに火柱

同機には乗客六二人、乗務員一〇人(うち日本人スチュワーデス一人)が乗っていた。乗客名簿が発表された。日本人も五人含まれている。

「安否はまだわからんか」

「はっきりしないが、数人の生存が確認されている」

取材現場と社会部との間のやりとりが、そのまま整理本部にも伝わってくる。事故に至るまでの経過もはっきりしてきた。

八時一〇分、規定の高度九〇〇メートルで木更津上空を通過したDC-8型機は地上誘導着陸装置の電波に乗り、二・五度の降下角をとりながら羽田のC滑走路の南端を目指し、一直線に進入を始めた。

八時一三分三〇秒、羽田空港から一・八キロの地点で突然機体の高度が下がった。規定では高度六六メートルあるべきなのに九メートル下がった五七メートル。レーダーを監視していた管制官は「水平に戻せ」と緊急指示をした。

しかし、同機はここで電波の誘導から離れて進入灯を頼りに肉眼で進入をはかったようだ。進入灯とは海面についているアプローチライトのことで、二、三秒後、

「進入灯が明るすぎる、切り替えてくれ」

と連絡してきた。

管制官が進入灯のスイッチに手を触れた次の瞬間、レーダーに火柱が上がったとのことである。

炎上は間違いない。そうなるとかなりの犠牲者が出ているかもしれない。紙面動員が必要だなと、文太は直感した。一面は全部これにあてる。二、三面に遭難機の特集、特に三面は現場写真。社会面は火に包まれた羽田空港滑走路を中心をとした記事になる。

この紙面構成は有竹一人でできるものではない。整理本部長、当番部長、硬派、軟派デスクの間で決められていく。

夕刊を終え、帰宅途中に飲み屋で一杯やっていて、このニュースを知った連中が応援に駆

けつけてきた。うれしい援軍である。

「写真はどうなっている」

文太が大声を出すよりも早く本番のＴ君が写真部から数枚持ってきた。現像、焼付けをしたばかりで、水洗いも十分でないぬれたままの写真である。

「これを一面に、これを社会面に」

てきぱきと割り振る。

「一面の写真をこっちに替えてくれ。もっとすごいのが届いた」

写真部のデスクが飛んでくる。

現場が近いので写真も次から次へと新しい、ニュース性に富むものが入ってくる。それを内容に応じて替えなければならない。

機首が吹っ飛んだ機体

もうもうと立ち込める煙の中で炎上した航空機の機体、その機体をさらにアップした胴体、その機首は吹っ飛び、ぽっかり口を開けている。いずれも夜九時ごろ撮影のもので、目をおおいたくなるような惨状である。また火に包まれた滑走路、防潮堤を突き破り散乱した機体、焼けただれたエンジン、滑走路にころがる片車輪、泡沫消火剤で真っ白になっての消火作業など、事故時の衝撃のすさまじさを物語っている。この中に犠牲者……が、文太は身のふるえを覚えた。

これらの写真とともに最新の記事が届く。それも全部まとまってのものではなく、電話受信した原稿を社会部のデスクが区切りのよいところで、ちぎって整理に運ぶ。それを本番、デスクが赤筆を入れて工場へ回す。分刻みの仕事になるので、こういう緊急出稿をしていくのである。

東京航空保安事務所で取材した原稿や空港現場からの原稿も入ってきた。

同機は空港管制塔の指示でC滑走路に進入しようとして失敗炎上した。滑走路南東端から二一〇メートルのところにある七つ目の進入灯に主脚をぶつけた。このライトをめちゃめちゃに壊し、そのまま防潮堤に激突、乗り上げるようにして滑走路に胴体を突っ込んだ。ここで主要燃料タンクに残っていた燃料が一気に燃え出し、乗客の大半は即死、奇跡的にショックの〝死角〟にいた人だけが助かったようだ、との内容である。

操縦ミスか、防潮堤に問題はなかったか、管制側にミスはなかったのか、本番のT君も同じことを思っていたようで、社会部にたずねる。

間もなくその原稿も届いた。

コースは真っすぐだったし管制官の誘導ミスは考えられないとのことだ。

防潮堤は水面からの高さ約三メートル、厚さ一メートルで、内側は二段になり高さ一メートルで空港を一周できる外周道路につながっている。防潮堤には照明灯はないが、滑走路の延長線上にある海面には進入案内灯がある。この進入灯は三五メートル間隔で設置されており、この点でも問題はなさそうだとのこと。

「操縦ミスを疑問符付きで見出しに出しましょうか」とT君。

「いや待とう、この段階では無理だ。全体の状況としては操縦ミスの感じだが、もう少し様子を見よう」

有竹は慎重に構えた。政府は事故対策本部を設け究明に当たっている。先走りは慎もうと判断した。

当時の最終版は13版だが、一面と社会面はさらに「13版●」「13版●○」の追い掛け版をつくった。こうして五日午前四時現在までのニュースを入れることができ、それだけ最新情報を読者のもとに提供しようと努力したのである。

この日の作業は終わった。大筋のことはわかったが、あすの夕刊も続報で忙しい。文太はそのまま社内に泊り、夕刊応援組に回った。

八人を救出、恐怖の一瞬

一夜明けた。といっても、文太は二時間ぐらいの睡眠しかとれなかった。魔の濃霧は消えたが、頭の中はまだ霧が残っているようだ。仕事を続けるうちにやっとすっきりしてきた。

結局、犠牲者は六四人、八人が奇跡的に助かった。その模様が入ってきた。

炎上したDC-8型機は一四〇人乗り。客席はほぼ半分埋まっただけで空席が目立つ状態だった。

ファースト・クラスは最前部から三列一二席。エコノミー・クラスは一二六席あった。機体の前部がバラバラに飛び散ったため前部席の客はほぼ即死した。エコノミー・クラスの後部の座席にいた八人が幸運に恵まれ助かったとのことである。

この人たちは自分の座席が機体の破損の少ない部分だったため事故直後、目の前にできた機体の裂け目や破れた窓などが脱出口となって逃げ出すことができた。

助かったカナダ女性の〝恐怖の一瞬〟は、まさに生と死の分かれ道だった。

それによると――。

ベルト・サインがついたのでベルトを締めた。スチュワーデスがベルト点検のために歩き出した直後のことだった。何も覚えていない。気がついた時は目の前に機体の裂け目が見えた。急いでベルトをはずし外に飛び出した。とにかく遠くへ逃げなければと夢中で走った。一〇〇メートルほど走って振り向くと、飛行機は火に包まれていた、と言う。

裏付けるような機体の残がいであった。胴体は主翼の付け根あたりから裂け、その後部座席だけがかろうじて原型をとどめていた。

〈後部座席の奇跡
　　生存の八人、目の前に脱出口〉

浮かんだのはこの見出しである。

夜が明けた現場は、事故のすさまじさを一層鋭く物語っていた。その描写原稿を読むうちに文太はゾッとした。

無風、青い空。一列に立ち並んだ進入灯のうち一八本が海中に埋没したり傾いたりしていた。事故機が海面すれすれに飛び、たたき壊した跡である。コンクリートの防潮堤も三〇数メートルにわたって破壊されている。昨夜、暗やみでわからなかったが、四つのエンジンのうち三つは防潮堤そばの滑走路内にあるのに、一つは約二〇〇メートル離れた芝生の中に放り出され、そのそばに赤い女物の靴の片方だけが焼けただれてころがっていた。

滑走路入口付近に散乱するカバン、ダンボール箱、英文の書類、座席の破片などは燃えていない。これは機体の前部が、激突して燃えないうちにコッパミジンに砕けたことを裏付けている。主翼部分がポッキリ折れた後部は燃えながら突っ走り芝生に入って方向を変えたことがよくわかる。

幸運、不運の分かれ道

有竹は、一カ月前の全日空機事故の時も同じような運命の分かれ道があったと、当時の記憶を呼び戻した。

全日空機の場合は全員死亡だが、搭乗前にいくつかの分かれ道があった。

まず、東京足立区のスタンダード靴株式会社旅行団の場合である。一行二九人のうち二三人は「ハガキ一枚で旅行が当たる」とスポーツ新聞に掲載された同社の一ページ全面広告の懸賞に応じて当選、札幌の雪祭りに招待されての帰途だった。正解者の中から三〇人が抽選で選ばれたが、カゼや急に都合が悪くなり七人が辞退した。それが生への道につながった。また中野区の女性は、当選した大学生の実弟が学年末の試験で行かれないため代わりに参加して遭難した。このほか、当選者自身が行かず、航空券を次々に〝たらいまわし〟にしたケースもあって、この券を手にした人にとっては、それが〝死出の旅〟となった。

富士電機製造株式会社取締役・津坂さんの場合もそうである。四日に札幌市内で開かれた所長会議に出席し、会議が長引き、いったんはその日の帰京をあきらめたが、どうしても四日中に東京に戻らなければと離陸二分前に飛び乗り不運となった。

また、札幌の雪祭り観光を終えた中堅出版社の代表ほとんども難にあったが、札幌にとどまった二社の幹部は命拾いをした。

こういう原稿を手にすると、人間の運命はまさに紙一重であると思う。

悲しい原稿が殺到する中で、一つ明るいニュースが入ってきた。

濃霧着陸を避けた他機の判断

きのう、事故機と前後して羽田着の予定だったが濃霧のため着陸を断念した飛行機があったというのである。半日遅れて羽田に着いた機長の話は胸を打った。

パン・アメリカン航空八四五便ボーイング707型機（アーサー・アイックラー機長）で、ロサンゼルス発サンフランシスコ、アンカレジ経由で、四日午後七時四五分着を変更して代替空港の山口県岩国空港に緊急避難した。同機は五日午前九時五〇分、事故発生後の羽田到着一番機として着陸した。

機長は「乗客の中には不満もあったろうが、安全第一を考えた」と次のように語った。

羽田に近づいた時に管制官から「視界は一、〇〇〇メートル以下の霧」という知らせがあった。晴れるかもしれないと約四五分間、上空で待機した。しばらくして管制塔から「やや視界がよくなった」と言ってきた。着陸できないこともないが危険と判断した。法律的には着陸の許される視界であっても、パン・アメリカン航空に入社して二四年になる私の〝安全第一〃というモットーにしたがって着陸を中止した。羽田には四〇回以上離着陸しているが、四日夜の状態は非常に危険だった。もしあのような霧が出ていれば、どんなによい施設でも私は着陸しない。

こんな意味の原稿である。乗客の不満を抑え「安全第一」の道を選んだ機長、その決断には頭が下がった。

〈よかった安全第一
　濃霧を避け岩国へ
　　PAA機、乗客の不満を抑え〉

四段三本見出しが大きくおどった。

こんどは富士山麓で墜落

夕刊も終わりに近づいた。文太は応援の仕事もこの辺までと、洗面所で顔を洗い大きく背伸びをした。その時である。

「また飛行機が落ちた」

洗面所前の通路を緊迫した声が走り抜けていく。そんなことがあるものか、耳を疑いながらも整理本部に駆けつけた。人の動きはすべてを物語っている。

やっぱり、またまたか。
夕刊一面は、トップにこのホットニュースを入れるため紙面の大転換にかかるところだ。それまでのカナダ機惨事は二番手に下げ、第一報が入りつつあった。
午後二時二〇分、BOAC（英国）のボーイング707型機が、富士山南麓の御殿場市太郎坊付近に墜落した。羽田午後一時五八分発、香港回りのロンドン行きBOAC九一一便。乗客一一三人、乗員一一人が乗っているが死者多数の模様という内容である。それに機種の説明、自衛隊富士学校から救出隊が現場に向かっているという程度で詳細はわからない。
それでも左右いっぱいに〈富士山で英旅客機が墜落〉の白抜き黒ベタのトッパンを張り、主見出しも五段三本で扱う。
〈乗客、乗員一二四人
大破、死者多数を出す
BOACのボーイング707〉
現場写真はとても間に合わないため、墜落した同型機の資料写真と簡単な地図を入れる。これが時間的にも精一杯で、あとは朝刊まわしとなった。欄外には「4版●●」が入れられた。
有竹は応援組だったので、直接タッチしなかったが、こうなると朝刊作業がたいへんである。当然、紙面動員、それに見合う人の手当てもしなければならない。

夕刊組の大半は朝刊応援にまわった。有竹も帰宅をあきらめ再び応援組に加わった。二四時間以上の通し作業である。さすがに体が重い。思考力も鈍っている感じだ。

「きのうからの人たちはここで帰ってもらおう」

この日の整理本部当番部長が文太のところへ言ってきた。

「人の手当ては大丈夫ですか」

「きょう非番の者も今、応援でこちらに向かっているようだし十分いける」

「では、そうしましょう」

文太はホッとした。なにを隠そう。体はくたくたに疲れていた。

痛まし、京都での記念写真

整理本部一帯は熱気に包まれ、あちらこちらで大声が飛んでいる。もう少し応援したい気持ちもあったが、職場をあとにした。帰宅の電車に座ってすぐ居眠りを始めた。

翌日の朝刊はＢＯＡＣ機墜落の詳報でびっしり埋められていた。この飛行機には日本人も一三人（うちスチュワーデス一人）乗っていて、乗客、乗員一二四人全員が死亡した。国籍別では米国人が最も多く九一人、英国人一一人（うち乗員九人）など九カ国に及んでいた。

このBOAC機は四日、サンフランシスコから羽田到着の予定だったが、カナダ機の惨事を引き起こした羽田の濃霧を避けて福岡県板付空港に着陸し、五日正午に羽田に戻り、同午後一時五八分発、香港経由でロンドンへ向かうことになっていた。

羽田離陸後間もない事故だが、羽田の管制塔も東京航空交通管制本部も、墜落までの飛行ルートや高度をつかんでいなかった。同機は出発する時に西日本が快晴だったので、離陸と同時に有視界飛行にしていたためである。

墜落を目撃した人の話を総合すると、空中ですでにいくつかの部分に分かれて落ちたようだ。遺体がいくつかのグループに分かれて散らばっている、機体が落ちた場所の地面があまり深くえぐられていない点などからみても、悪気流にあって空中分解したという見方が強くなった（その後の目撃者の話からは竜巻に突っ込んだようである）。乗客に「富士山を見せる」サービスをするためこのコースをとったとの説もあった。

犠牲者の中には、日本観光団体客もあった。米国ミネソタ州ミネアポリスにあるサーモキング・コーポレーションというエアコンディショナーの製造会社招待客と会社代表など七五人である。京都で楽しんだ一行の記念写真は社会面に大きく扱われた。舞妓さんも加わっての笑顔の写真はあまりにも痛ましい。

六日の日曜日は夕刊がなく、朝刊番で出社した有竹デスクは、この日も墜落事故の続報と取り組まざるを得なかった。悲しい暗いニュースと付き合うのは辛いものである。

文太デスクは思った。

一カ月前の全日空機、そしてカナダ航空機、ＢＯＡＣ機と計三二一人の尊い命を奪った航空事故、それも墜落した三機がいずれもジェット時代を代表する最新鋭機だった。信じられない連続事故である。なぜ？

二度と惨事を繰り返さないためにも原因をはっきりさせ、それを教訓として空の安全をはかってほしい。

心からそう念じた。

9

田中角栄元首相の逮捕と急病

特ダネと特オチで整理記者の天国と地獄

一九七六年七月二七日、八三年一〇月三日

「ピーナツ」時効に２週間

検察、重大決意へ

高官逮捕は目前

五億円の流れ突きとめる

参院も児玉臨

小佐野氏再喚問 日時

"自前の原子炉"開発

五グループで新会社

ソフト部門も米依存やめる

田中氏

「田中角栄元首相が急病のニュース、他社はすべて夕刊に入っている。毎日だけの特オチ」

整理本部次長・有竹文太は目をむいた。

一九八三年（昭和五八年）一〇月三日午後三時からの編集幹部会議に出席していた有竹のところへ本部員が駆けつけ耳打ちした。

「そんなことがあるものか」

とは言ったものの動かし難い事実である。

「あの時間にどうして」

文太は唇をかんだ。あの時間とは、ニュースの発生時間と降版時間のことである。

新聞社には原稿締め切り時間と降版時間というのがある。早版から最終版まで各社それぞれ決めているが、最終版だけは協定時間が設けられ、それ以降のニュースは原則として入れることができない。朝刊、夕刊ともにその時間ギリギリに発生したニュースの扱いをめぐって問題になることもある。こんどの場合はそれである。

「急病！」毎日だけ入っていない

文太は、さきほどの夕刊最終版を降ろす時の〝ひと騒動〟を思い浮かべた。

この日、文太は夕刊当番次長であった。夕刊をつくる上での責任者である。最終の4版を降版した午後一時半ごろのこと。

「やれやれ、きょうの夕刊も終わったか」

次長席で大きく背のびをしていたところ

「田中元首相が急病らしい」

社会部から緊急情報が入った。

すぐに時計を見た。そして降版協定のことが頭に浮かんだ。

協定では午後一時二〇分までに発生したものは入れてよいことになっている。こんどの場合、その時間を過ぎている。掲載するためには協定破棄を申し入れなければならない。

「どうしますか、時間ギリギリです」

「ともかく一面トップに突っ込もう」

「よしっ、すぐに組み替え作業にかかります」

文太と一面デスクの間ですぐに話は決まった。ただ、破棄申し入れがＯＫにならない場合は、組み替えた紙面を使うことができない。それに備えてさきに降版した版も使える二段構えで取り組むことになった。

一方、文太は共同通信社に電話を入れた。協定破棄を希望する場合、まず幹事社（輪番）

と共同通信社に申し入れる。共同通信社の整理部は協定加盟各社にこれを通知する。この月は毎日が幹事社であるため、共同通信社にだけ連絡した。通知を受けた加盟各社はいずれも「ノー」であった。こうなると協定を破棄することはできない。田中元首相急病のニュースは見送らざるを得ない。

共同通信社から連絡を受けた有竹文太は、他社も当然、夕刊には一行も入っていないと思っていた。それが入っていたというのだから驚きである。

整理本部に戻った文太の席には各社の夕刊が置かれてある。

まず朝日新聞を見る。一面トップで報じている。短い内容だが田中元首相の顔写真を入れ約三〇行の記事でまとめている。他の各紙も扱いに違いはあってもほぼ同じような中身である。一行も載っていないのは毎日新聞だけ、なにか蚊帳の外に置かれているようである。

「やられた」

くやしい気持ちでいっぱいだが、どうして他社の夕刊に載っているのか不思議でならない。その時である。

「田中邸からの一一九番は一時ごろだったそうですよ」

担当デスクの声である。あらためて各紙に目を通す。最初、新聞を手にした時は掲載の有無と見出しだけしか見ていなかった。中を読むと、田中邸から救急車を求めてきたのは午後

○時五五分ごろで、牛込救急隊の救急車が田中邸に入ったのは一時を少しまわったところらしい。

こうなると、他紙に掲載されていても不思議ではない。協定時間を気にしなくてもゆうゆう間に合う。協定を破棄してまで時間延長する必要はない。毎日の要請に対して「ノー」と返事をしたのもうなずける。

問題は毎日自身にあったのである。社会部情報は一時半ごろだった。この時間は確かである。その時になぜ、

「一一九番受信と救急車出動の時間を社会部に聞かなかったのか」

文太はみずからを責めた。微妙な時間帯だけにこの確認を怠ったことに腹が立った。ここを確かめておけば、すんなりトップを替えることができたのに。日の目を見なかった「田中元首相急病」の大刷り紙面が文太の反省を促しているようでもあった。

最終版の降版協定

ここで新聞の協定について、もう少しくわしく説明しよう。

新聞はかつて、降版については各社まちまちだった。最終版は朝、夕ともに可能なかぎり時間を延長した。一番電車が走っているのにまだ朝刊印刷終了にならないこともあった。読

者に、より新しいニュースを提供したいためだが、他社に負けたくないという競争心によるものでもあった。

新聞社にとって、最終版はその日の決定版である。毎月の縮刷版もこの最終版をもってつくられる。いわばここが歴史のページになる。それだけに力を入れる。したがって、最終版を印刷中でも大事件が起これば輪転機を止める。印刷終了までの残り部数がわずかでもそのニュースを入れた新紙面に替える。この追い掛け新紙面が特ダネになることもある。こういう傾向は、それほどの大事件でもないのに降版時間を引き延ばす過当競争を生んでいった。

これがもたらす結果として読者への配達が遅れるのをはじめ、各新聞社とも内部的に諸問題が起きていた。そこで降版協定をつくろうということになった。一九六八年（昭和四三年）のことである。

協定加盟社は毎日、朝日、読売、日経、産経、東京、東京タイムズの七社（当時は東京タイムズも加盟）で、まず朝刊最終版について協定が成立した。最終版最終面の受稿制限時間は午前一時三五分で、午前一時四五分までに降版ということになった。したがって、午前一時三六分以降発生のニュースは入れることができなくなった。野放し時代に比べると二時間前後の短縮で、まさに画期的な協定である。

ただし、大事件突発、あるいは重大ニュースが予想される場合だけ降版時間の延長、改造版を発行することができる、とした。この大事件とか重大ニュースは、地震、災害など人心に重大な不安を与えるケースを言い、単なる突発ニュースは除外する。一方、台風がその時刻ごろ東京に上陸しそうだ、国電スト有無の見通しがそのころつくといった場合は特別体制の対象になる。また国際的な事件、たとえばケネディ大統領暗殺といったニュースも含まれる。

ただ、その場合でも一方的に協定破棄はできない。緊急措置を必要とする協定加盟社は輪番制の月番幹事社と共同通信社の整理部長に連絡し調整を求める。共同通信社は申し出の内容を加盟各社に通知するが、幹事社が「ノー」と言った場合はすぐにその旨を各社に連絡する。幹事社が必要と判断した場合は、他社とも連絡協議するが、全社の合意があってはじめて特別体制のOKとなる。要するに一社または複数社の一方的通告で特別体制をとることはできない。

あらかじめ、はっきりしていること、たとえば総選挙の場合などは、事前に協定の例外として独自の降版時間が組まれる。

最終版を平常どおり降版し、印刷途中に誤報、誤植を発見した場合はどうなるか。当然改造しなければならないので訂正部分に限って認められる。しかし新しい記事を入れることはできない。翌朝一〇時までに訂正したところを朱筆で囲んだ紙面に「訂正理由書」を共同通信社を通じて他の加盟各社編集局長に提出しなければならない。

厳しい協定ではあるが、スタート以来、最終降版時間はきちんと守られるようになった。その後、一時三五分が一時二五分となり、さらに一時二五分五九秒と「秒」まで入れた協定時間になった。夕刊協定も歩調を合わせてつくられ、前記の午後一時二〇分が境界線になった（これものちに一時二〇分五九秒になる）。

在京各社協定をもとに、大阪、西部、中部、北海道でもこれに準じた（時間は少しずれる）協定をつくり実施されている。

特オチのおとがめなし

田中角栄元首相といえば、ロッキード事件で逮捕され、政界の表舞台から姿を消したが、なんといっても隠然たる力を持っている。一〇月一二日の一審判決を目前にその一挙手一投足は注目されている。その人が倒れたというのだからビッグニュースである。それを毎日新聞だけ落としてしまった。有竹文太は頭を抱えた。

（始末書を書かなければならぬか）

（いや、その必要はない。毎日の場合、情報入手が遅かった。外勤部門が一一九番受信の時点で動けば間に合った。毎日の整理としては協定破棄まで考え、田中元首相急病の紙面もつ

くった。加盟各社の「ノー」でそれができなかった。最善を尽くしたのだから、その責任をかぶることはない〉

文太は自問自答した。その結果、有竹文太の名で編集局長宛に報告書を書いた。もしも始末書とか責任問題に発展するようであれば会社を辞める。そこまで思いつめた。そして辞表をポケットに入れたまま仕事を続けていた。

会社も、整理本部に責任なしとみたのか、この件について、おとがめはなかった。だが、文太としては心中穏やかではない。

特オチの紙面を見ると悲しくなる。というよりも自分を責めたくなる。「なぜあの時に」の悔いが湧いてくる。

幸いにして元首相の病状は軽かった。朝刊段階の原稿では、田中邸に入った救急車も入院の必要はないと応急手当をしただけで引き揚げた。駆けつけた主治医の説明では、立ちくらみを起こし血圧が高くなったが注射をして平常に戻ったとのこと。朝刊では〈田中元首相一時倒れる〉として五段見出しの二番手で扱った。

逮捕当日の朝刊は会心の作

理由はどうあれ特オチはいやだ。特ダネの天国と比べ地獄の心境である。有竹文太はよき教訓として心に刻んだ。その一方、同じ田中元首相をめぐるニュースで会心の紙面をつくった時のことが浮かんできた。ロッキード事件逮捕当日の朝刊である。あの時は胸のすく思いがした。

一九七六年（昭和五一年）七月二七日付毎日新聞一面トップにはこんな見出しが踊っていた。

〈ピーナッツ　時効に二週間

検察、重大決意へ〉

この二段横見出しの下に

〈高官逮捕は目前

五億円の流れ突きとめる〉

の五段見出し。

政府高官として、名指しこそしていないが田中前首相を指すことはすぐわかる。贈収賄罪に的をしぼり、一両日中にも重大な局面を迎えるとの見通し記事だが、取材側は「けさ逮捕」の裏付けをとっていた。一面本文の内容はこれまでの捜査経過を約一〇〇行でまとめ、社会面にも関連記事を掲載した。ここには〝黒い金〟に暗号を使っていたという内容のもので、四〇万ドルを支払うように命じたロッキード社の社内伝票の写しまで掲載した。

アメリカで火を噴いたロッキード事件

ロッキード事件――。表面化したのはこの年の二月四日（現地時間）である。米上院外交委多国籍企業小委（チャーチ委員長）が公聴会で世界を震撼させるような内容を公表した。ロッキード社がトライスターの販売にからんで、日本、ドイツ、フランス、イタリアなどに一、六〇〇万ドル（当時の円換算四八億円）ワイロを贈った、というのである。

日本関係では、児玉誉士夫氏、丸紅、ＩＤ社、全日空などに三〇億円を超える工作資金が流れたとされた。二日後にチャーチ委でロッキード社のコーチャン副会長が「丸紅の当時の檜山広社長か大久保利春専務にワイロを支払うように言われ、丸紅を通じ政府高官へ二〇〇万ドル支払った」と暴露した。また小佐野賢治氏の名をあげ「非常に助けになった」と証言したという。

時の三木首相は七日、井出官房長官に司法、税務両面での捜査開始を指示した。一方、衆院予算委でも証人喚問が始まり、小佐野賢治・国際興業社主らが立ったが「記憶にございません」と答え、この言葉が一時流行語になったほど。

四月に入った二日、田中前首相は七日会の緊急総会で「私の所感を」発表し疑惑のいっさいを否定した。しかし捜査は進み六月になって大久保利春・丸紅前専務らが逮捕され、伊藤宏前専務も七月二日に逮捕された（二名とも専務を辞任し参与になっていた）。また全日空・若狭得治社長が七月八日、同一三日に檜山広・丸紅前会長（会長を辞任し相談役に）が逮捕となり、核心に迫った。一方、ロッキード社コーチャン副会長に対するロサンゼルス連邦地裁の嘱託尋問も終わった。

濠は埋められた。逮捕者から五億円〝献金〟の重大供述も得た。一挙に頂点へ。先週末（七月二四日）に検察のハラは固まったようだ。

捜査当局の動きを察知した取材陣は七月二七日早朝逮捕に自信を持った。そして二六日夜の朝刊作成段階で「ゴー」に踏み切った。

前夜から準備、そして号外・夕刊

デスクだった文太はロッキード事件が表面化してから、整理本部の窓口として、外勤部門に接してきた。紙面化できない情報も耳に入り、捜査の進展に伴う打ち合わせを重ねてきた。こうすることで、紙面作成がスムーズにいくように準備をしておくのである。

いよいよ〝頂上作戦〟の時は、非番だったが出社し、七月二七日付朝刊作成に参画した。予測記事は、はずれたら大変である。しかも前首相の逮捕を事前に報道するということは絶対的な確信がなければできない。「あれは間違いでした」ではすまされない。人権問題にまでふれる。慎重になるのは当然である。

しかし、文太にはその懸念はまったくなかった。取材陣との接触で情報を一〇〇パーセント信頼することができた。ただ、「きょう」という断定的な表現を避け、「高官逮捕は目前」とした。

もし、七月二七日逮捕がずれた場合でも、「目前」ならば間違いではない。〝高官〟の身辺に及ばないことは絶対にないという自信がある。フロント面のトップにためらうことはなかった。

最終紙面が刷り終わった。夏の夜明けは早い。取材部門は徹夜で動いている。整理もこれからの仕事に備えなければならない。逮捕の号外、それから夕刊作成である。

東京地検特捜検事ら二人が乗った黒塗りの乗用車は朝早く広壮な〝目白御殿〟に滑り込んだ。その〝お迎え〟の車に乗った田中前首相が東京・霞が関の検察合同庁舎に到着したのは七時半に近かった。そして高瀬東京地検検事正の尋問、外為法違反の逮捕状、一〇時すぎには東京葛飾区小菅の東京拘置所内に前首相を乗せた車は消えた。

そのころ、ロッキード事件特報の号外はすでにできあがり、夕刊早版づくりに主力が注がれていた。

号外は表裏二ページ。二段左右いっぱいの〈田中前首相を逮捕〉の横見出し。その下に

〈疑獄捜査、一気に頂点へ
　丸紅の五億円受取る
　　外為法違反容疑　ピーナッツ、ピーシズ分〉

の六段縦見出し。

写真は検事につきそわれて東京地検に入る田中前首相（午前七時二六分撮影）を七段で大きく扱う。裏面には〝ロッキード事件日誌〟と東京地検の約半年にわたる着実な捜査経過。写真は潔白を主張した当時（四月二日）のものなど二枚を入れる。

夕刊はロッキード事件一色といっていいほど。一面は号外と同じような見出しで、頂上作戦までの経過。それと、三木首相の会見記、田中前首相の自民離党届受理、榎本敏夫秘書も逮捕の記事。前首相逮捕容疑は、一九七三年（昭和四八年）八月九日ごろから七四年二月二八日ごろにかけて「ピーナッツ」「ピーシズ」という名の領収証四通に見合う五億円のロッキード社資金を檜山広・丸紅前会長から受け取ったというものである。

二面は〈粛党迫られる自民・結党以来の危機〉〈野党、全容解明に全力〉〈収賄立証をめざす検察〉などの内容。その左ページの三面には〈腐臭放つ金権体質――墓穴掘った〝金こそ力〟〉〈ロッキード疑獄の元凶――官僚使って強引に〉〈七・二七・ドキュメント〉。続いて四面と五面に〈問われる戦後政治――記者座談会〉〈識者はこう見る〉といった記事で埋まる。

社会面も第一、第二を見開きにして、まず第一社会面に〈いきなり〝横綱〟逮捕〉の左右いっぱいの横見出し。その下に

〈田中と呼捨て令状

検事正自ら一騎打ち〉

東京地検での取調べ、前首相のこの日の表情などが現場記者から送られてくる。第二社会面は〈永田町身震い〉の七段縦見出しで、〈築き上げた〝金力軍団〟崩壊の瀬戸ぎわ〉。その一方で、〈徹底的にウミを出せ〉との街の声をまとめてきた。この日は第四七回都市対抗野球第五日で、二回戦の第一試合が夕刊に入った。本来ならトップになるところだが、扱いを三番手に落とし写真も入れず、その分をロッキードのニュースにあてた。

こういうビッグニュースが発生した時は、紙面はいくらあっても足りない。特別な態勢をとるがそれでも厳しい。広告減段もしなければならない。二面、三面、五面は広告ゼロ、第二社会面は通常の七段広告を五段に減らした。

広告を編集サイドで勝手に変更はできない。広告局のOKをとる必要がある。広告局はスポンサーの了解を求めて掲載日を変えたり表面に出ない苦労をする。今回の場合も当然で早々と手を打ってくれた。こういう〝裏方〟さんの努力で思いきった紙面展開ができた。

夕刊の最終版が刷り上がった。まだインクの香が残る新聞を手にすると、今まで忘れてい

た疲れが一気に全身を包む。でも、快い疲労である。「他社よりいい新聞をつくることができた！」。満ち足りた〝勝利感〟がこの疲れも吹き飛ばしてくれる。飲む酒もうまい。

整理の仕事はうまくいって当たり前、ヘマをすれば大目玉。大目玉ですめばよいが、モノによっては始末書とか戒告、減給になることもある。それでもこの仕事に生きがいを感じる文太である。重い責任を負わされているということが生きがいに通じるのである。

前首相は刑事被告となった。外為法違反と受託収賄罪で起訴された。そして東京地裁で懲役四年、追徴金五億円の実刑判決、続いて二審の東京高裁も一審判決を支持した。これを不服として最高裁に上告中の田中角栄元首相は一九九三年（平成五年）一二月一六日午後二時四分、慶応病院で亡くなった。このため公訴棄却となった。起訴以来一七年経っていた。

毎日新聞は表裏二ページの号外を発行した。政界から身を引いた元総理ではあるが、その死はそれだけニュース性の高いものと判断したからである。今様太閤と言われ、歩んだ足跡は波乱万丈であった。日中国交正常化、列島改造を強力に推進するなどの政治手腕の一方で、〝金権体質〟に厳しい批判を受けた元総理であった。

10

日航ジャンボ機が墜落

御巣鷹山——五二〇人が犠牲、四人の劇的救出

一九八五年八月一二日

524人乗せ墜落

長野の山中に、炎

史上最大の惨事に

「ドア破損」と連絡

山肌で燃える機体

河本国

けだるい一日だった。一九八五年（昭和六〇年）八月一二日、街はもう盆休み。暑さがこたえる。最高気温三一・五度、朝刊勤務の整理本部デスク有竹文太は午後四時、編集局に入った。ここは冷房がきいており二五度前後。汗ばんだ体に冷気がうれしい。夕刊番から引き継ぎを受けたあと、六時すぎから朝刊の交番会議が開かれた。

交番とは、編集局長、編集局次長が陣取る場所のことで、ここで会議が開かれるので交番会議と言っている。夕刊作業が始まる前の午前九時半ごろと朝刊作業が始まる午後六時ごろの一日二回、必ず開かれる。出席するのは、その日の責任者の編集局次長、整理本部次長、デスク（副部長）、取材各部のデスク。最終版を他紙と比べながら批判検討したあと、取材部門からこれからの出稿予定が出される。それをもとに、その日の紙面づくりの方向を決める大切な会議である。もちろん、新たに発生のビッグニュースがあれば、そのつど変わっていくが、第一段階はここからスタートする。

この日は、深刻な経営危機にある三光汽船が会社更生法をあす申請するとの情報があり、一面、社会面ともこれをトップにすることになった。

「よほどの大事件が起きないかぎり、トップはこれで決まりだな」

有竹は自席に戻るなり、部員にもらした。そのよほどの大事件が直後に襲いかかった。御巣鷹山・日航ジャンボ機の墜落である。

ジャンボ機消える!

「日航ジャンボ機がレーダーから消えた」——時事FAX速報が編集局内を駆けめぐる。通常、第一報は社会部とか社内の取材部門から入る。それが通信社からの速報である。中央三紙ともに自社の通信網のほかに、通信社からの配信も受けられるようにしてある。こんどの場合はそれである。あまりないケースだけに、まず真偽を確かめなければならない。

「社会部情報はまだ入ってこないか」

「時事速報は大丈夫か」

「どこもまだ確認がとれてない」

こんな声が交番、整理本部、社会部で乱れ飛ぶ。この時事FAXは、時事通信社の運輸担当の若手記者が羽田でほかの記事を取材中に異変をキャッチし、全国の加入社に流したようだ。しかし「日航ジャンボ機不明」だけで、その後の様子はさっぱりわからない。

どうやら、羽田から大阪に向かった日航ジャンボジェット機(ボーイング747SR型機)JAL一二三便(高橋雅巳機長)で、旧盆を前に機内はほぼ満席。乗客乗員合わせて五二四人(乗員一五人)が乗っていることがわかった。

七時のＮＨＫニュースも最後のところで速報を流した。

「これが事実としたら史上最大規模の航空惨事だ」

文太は身の引き締まる思いがした。

「大阪社会部情報によると、日航大阪事務所は誤報と言っているようだ」

「なにっ、誤報だって」

ほっとする間もなく
「いや、そうとも言えない。いずれも未確認だ」

どの情報を信じていいかわからなくなった。

早版の締め切り迫るが確認できぬ

ぼつぼつ早版の締め切りだ。第一報を突っ込むかどうかを決めなければならない。文太は時計をにらむ。交番でも当番の編集局次長、整理本部次長らが最新の情報を待つ。一方、発送部からはＭ部長が編集局まで来て様子をうかがっている。電話では埒《らち》があかない、と地下一階の現場から四階の編集局へ走ってきたらしい。

発送部は刷り上がった新聞をそれぞれの地域に配送する部である。列車積み込みとトラック輸送の両面で行うが、通常、早版は主に列車に頼る。その指定列車発車前に持ち込まなければならない。朝日、読売など各新聞社も同じ列車に積み込む。したがって時間に厳しい。毎日新聞はこのところ、駅への持ち込みが遅れることが多く、そのたびに列車が延発した。当然、国鉄側から苦情が発送部に寄せられていた。

「こんど延発したら、通過駅で列車を確認するために待機している駅員を含め、すべての基準外手当を請求する」とまで言われていた。新聞社側としては、指定列車に積み遅れると自社調達しなければならない。これにかかる費用もバカにならない。そんな事態を避けるためにも、駅側に無理を願うことになる。それも限界に来ているようだった。結果として整理本部に締め切り時間の厳守を迫ってくる。

「発送がいらいらしながら待っていますよ」

「うん、わかっている。しかし参ったなー」

本番のA君もやきもきしながら文太に決断を促す。しかし、彼もため息まじりにこう答えるしか方法がない。

社会部では、まだ確たる情報をつかんでいないようだ。

「日航機墜落でいけるのか、どうなんだ」

たまりかねた文太は社会部デスクにどなるように聞く。

「まだだ。待てないか」

「もう待てない。早版は見送るぞ」

早版とは最初に発送する新聞のことで、お盆期間のため交通渋滞などを考慮して特別の配送工程となっていた。この日の早版は新潟県と宮城県の一部に配達されることになっていた。八時五八分隅田川貨物駅発の国鉄列車に乗せなければならない。印刷時間、駅までの所要時間を入れると、もう「待ったなし」である。

(なんとかもう少し時間延長できぬか)

(そうしたいところだが、これ以上待つと積み遅れになる)

文太は自問自答した。

(やはり目をつぶろう)

当番のK整理本部次長とも相談して断を下す。

「日航機墜落は見送りだ」

印刷現場では、待っていましたとばかりに輪転機が始動する。もうあとへは戻れない。

結果的には苦い選択であった。

気になりながらも早版には「日航機墜落」の記事は一行も入っていない。第一報が事実で、他社が入れていたとすると特オチになる。特ダネの反対でまことに不名誉なことである。

なんとか、墜落情報が誤報であるように、文太は念じた。しかし悲しい現実はすぐにやってきた。乗客・乗員の安否は不明だが、墜落は動かし難いとのこと。

〝戦場〟と化す編集局

「やられた」。有竹は唇をかんだ。だが、くよくよしていてはいられない。頭の大転換である。編集局は戦場と化した。あちこちで怒号も飛ぶ。形容できない騒音が局内を包む。いくつもある社会部の電話には次々と情報が入る。それを紙面化しなければならない。

「防衛庁に入った連絡によると、米軍輸送機が日航機炎上を確認した」

「運輸省によると、名古屋上空を運航中に中央ドアが故障したとの緊急連絡をあとに消息を絶った」

一方、日航本社に駆けつけた記者からは「名古屋上空から大阪空港に向かう途中、羽田空港事務所に対し、機体最後尾の非常ドアがブロークン状態になったので羽田空港に引き返すと連絡があった。その一〇分後にレーダーから機影が消えた」との原稿も。

地方支局からも墜落目撃ニュースが入る。

長野県南佐久郡川上村役場に入った連絡として、川上村消防団長と学生が群馬県境付近に煙をはきながら大型機が落ちていくのを見た、と言うのである。

〈日航ジャンボ機墜落〉の二段ブチ抜き横凸版、〈五二四人乗せ炎上、羽田発大阪行き、長野の山中に〉の六段縦見出しのトップ記事ができた。早版を降版したあと約四〇分経っていた。三光汽船の記事は二番手に下げた。配布地域は南信、北信、山形県、宮城県の一部と福島県で、午後八時二〇分の降版時間は大幅に遅れた。

「墜落場所はどこだ」

こんどはここが焦点になる。警察、自衛隊も確認していない。墜落機の炎上地点が長野、群馬、埼玉の三県境付近というが夜間のこともあってつかめない。毎日新聞航空部からも捜索ヘリが飛ぶが、空振りとなった。

こうなると、墜落地点をめぐりいろいろな情報が飛びかう。社会部をはじめ支局からも、それらしき地点を目指して陸路を走る。

情報が乱れ飛ぶ

「あそこらしい」との情報が一人歩きして「あそこ」となって振り回されることもある。有竹デスクは、かつて先輩から聞いた「もく星号墜落」を思い出した。

その事件は一九五二年（昭和二七年）四月九日に起きた。午前七時三〇分、羽田空港から大阪・福岡へ向かった日本航空双発旅客機「もく星号」機が消息を絶った。捜索したが、機の行方はようとして知れなかった。その先輩は静岡支局で国警静岡県本部を担当していた。

本社からの指示で静岡県本部に入る情報をそのつど原稿にして流していたところ、本社から静岡県下に墜落したようだから至急その地点を知らせろ、とのこと。

「そんなはずはない。こちらの警察当局も否定している」

「ボヤボヤしているな、早く地点をつかんで現場へ飛べ。東京からも主力が急行する」

いくら否定しても本社は信用しない。そのうちに

「浜名湖らしい」、そしてすぐに「浜名湖だ」と断定的になった。先輩は静岡支局長を通じて、

「本社情報は間違っている。絶対に記事にしないように」と伝えた。浜名湖に取材陣の主力を向けた新聞社もあった。刻々と時は過ぎるが、不明のまま夜となった。先輩記者は徹夜で国警静岡県本部に詰めたが、手掛かりのないまま夜が明けた。

ある新聞は

「浜名湖に墜落機の尾翼」という誤報を掲載してしまった。

日の出とともに各方面に飛んでいた空からの捜索機が、大島三原山山腹に激突している「もく星号」を発見。乗客三三人、乗員四人が死亡していた。犠牲者の中には漫談家の大辻司郎氏、八幡製鉄社長三鬼隆氏も含まれていた。

この場合、消息を絶ってから二一五時間も経過していた。長時間にわたり、「らしい」が「間

違いなし」になって、やがて「誤報」を繰り返した。

先輩記者の「情報を鵜呑みにするな」が、文太の耳によみがえった。

日航ジャンボ機の夜間の墜落地確認には、かなりの困難が伴うとみなければならない。見出しは〈長野山中〉のままだ。

北関東方面に配る次の版の紙面作成にかかる。

「中部地方上空に雷雲がかなり発生していたので、雷に打たれたか、雷雲を避けようとして不測の事態を招いた可能性が大きい」

運輸省詰め記者から新情報が入る。しかし、墜落場所は依然わからない。大きな進展のないままこんどは静岡などに向けて発送する四回目の版替え準備に入る。

乗客名簿が入る

「オーイ、乗客名簿が発表された」

社会部からの声だ。

「よーし、この版から突っ込むぞ」

社会部、整理本部の動きがさらに慌ただしくなった。大きい事故では、名簿は極めて大切なニュースである。取材記者は血眼になってこの取材に当たる。今回は、大阪で搭乗券購入者の名簿が発表されたのだ。

全員カタカナのままである。住所もわからず、漢字はわからない。それでもいい。早く紙面化することだ。

「名簿はどのページに入れるか」

文太は考えた。

通常、新たに紙面動員してそこに特集する。だが、すぐにはムリだ。新聞は一面から最終面まであらかじめ掲載内容が決められている。大事件発生の際は、急がない特集ページや広告などをはずしてこれに替える非常手段を講じる。次の版でそうするにしても、この版では間に合わない。

「名簿はまず社会面でいこう」

整理本部次長の声である。

社会部から、整理部の社会面デスクのもとに名簿原稿が怒涛のように流れる。

社会面は締め切り時間が遅い。こういう場合、ギリギリまで待てる。

社会面担当デスクの頭にひらめいた。

「名簿をトップにしよう」

それまでトップに考えていた、

〈大音響、せん光、キノコ雲――山中に消えた！　五二四人〉六段見出しの記事を二番手にした。そしてトップの部分を大きくあけて名簿を待った。常識的に考えると、六段記事をトップにして、名簿はそのあとにつけることが多い。しかし、彼は型破りを敢えて強行した。それだけ名簿ニュースを重くみたのである。

七段白抜き凸版〈日航一二三便の全乗客〉。この見出しだけで、カタカナ文字の名前を続けた。名簿が社会面トップに載った新聞は恐らく日本で初めてのものだろう。

紙面も大動員

「紙面動員は？」

「首都圏向けからいける」

こんなやりとりが交番で行われている。

一面を含め五ページ、最終版では六ページにわたって展開することになった。

紙面動員はよし、だが人の手当ては？

大事件の場合は、なんといっても人手が要る。当日の担当者だけではさばききれない。しかし、案ずることはない。すでに数人が駆けつけてくれた。夕刊が終わったあと、まっすぐ帰宅しないで飲み屋に寄って事件を知ったとか、非番で夕食のくつろぎを家族とともにしていた者、それぞれが一大事とばかりに集まる。またドライブを楽しんでいた地方部のデスクは車中で事故を知り、自宅に戻らずそのまま応援要員に加わった。その後、人数はさらにふくらむ。

「今、事件を知ったので駆けつけます」

「ちょっと待ってくれ。今夜は人の手当ては整った。あす夕刊組に入ってくれ」

あす以降の〝人海戦術〟も考えなければならない。殺到する原稿を前に、そういった電話応答もさばいていく。

「輪転機を止めろー」

神奈川、千葉、埼玉の首都圏向け新聞に取り組む時間が来た。

「航空自衛隊入間基地の捜索機が長野・群馬県境の御座山斜面で墜落機の破片発見」が入る。新しいニュースとして突っ込み、降版して間もなく

「現場写真が入ったぞー」の声。

「追っ掛けで行けー」

文太は腹の底からしぼるような声を発していた。瞬間的に立ち上がり

「輪転機をとめるぞー」

整理本部デスクのところにあるボタンが押された。猛スピードで回っていた輪転機は一斉に止まった。

今まで掲載していた日航一二三便の資料写真をはずしナマの写真を入れる。自衛隊機が撮影したもので、撮影時間は午後九時五〇分ごろとのこと。真っ暗やみの黒をバックにして、大きく、小さく、あるいはうねるように光の塊が写し出されている。縦四段、横は紙面の半分大にしてはめ込み、記事を組み替える。一面左上の欄外に〇印をいれて、すでに刷り終わった紙面と区別する。こうすることによって、通常なら同じ内容が配達される首都圏三県下も、遠方地域は初めに印刷した紙面が、比較的近い地域は現場写真が入ったいわゆる〝追い掛け〟新聞が届けられることになる。

輪転機はいったん止まると、新しく組んだ版とそれまでの版とを入れ替え、ゴーサインが出てはじめてうなり出す。

山肌で燃える機体とわかりながら、はっきりした墜落地点がまだ発表にならない。最終版の締め切り時間が近づいた。

乗客の顔写真に泣かされる

多くの犠牲者が出た場合、名簿とともに必要なのが顔写真である。名簿はすでに発表された。すぐにその住所を確かめ、留守宅へ取材に行かなければならない。東京都内は社会部が、地方はそれぞれの支局が当たる。大阪、西部、中部、北海道各本支社も夜半から一斉に動いていた。

有竹デスクは支局勤務の時に写真集めに走った経験がある。これは大変な仕事である。留守宅は不安が、悲しみが家全体を暗く包んでいる。まず当人について取材したあと、「お取り込み中恐縮ですが写真をお借りしたいのですが」と切り出す。すべて快く応じてくれるとは限らない。さっと不快の色を表に出し、「君たちは他人の不幸がうれしいのか」と言われることもある。だからといって、手ぶらで帰るわけにはいかない。勤務先とか友人を探し借りるわけである。一枚の小さな顔写真を手にするまで走り回る辛さ、この道の者でないとわからない。だからこそ一枚の写真もおろそかにはできない。

乗員一五人全員、乗客三六人の顔写真をこの最終版に掲載する。記事の内容もかなり詳細になった。

運輸省によると、同機は定刻より一二分遅れた午後六時一二分、羽田から大阪空港に向かった。一三分後の六時二五分、埼玉県所沢市にある東京航空管制部が同機からの緊急連絡を受信した。さらに六時四一分、「右側最後部のドア部が故障した。緊急降下中」との連絡があった。同管制部が「横田基地に緊急着陸できる」と伝えたが飛行機からは応答がなく、六時五七分には羽田のレーダーからも機影を消したとのことだ。

乗客、乗員についても、さらにくわしいことがわかってきた。乗客五〇九人の大多数はお盆帰省のための家族連れで、一二人は幼児とのこと。

墜落地点、ついに特定できず

しかし、墜落地点は最終版のギリギリになってもはっきりしなかった。自衛隊入間基地が群馬県と言っているので、見出しに出した。その直後、防衛庁の記者会見で長野県と発表された。あわてて〈長野の山中に、炎上〉に直した。自衛隊機が墜落地点の上空に来て炎上を確認しても、そこがどこか、地名を特定できなかったようだ。

いずれにしても墜落炎上は間違いない。五二四人の安否が気遣われるままに最終版降版OKのサインを出した。

最終版の仕事が終わっても、「本日の作業終了」というわけにはいかない。墜落現場探しの情報を待つ。その一方で夕刊の準備にかかる。平常の場合、最終版が刷り終わったところで帰宅者は会社仕立ての車で、泊まり組は宿直室へ行き、編集局の灯も消える。この夜の編集局は明け方までその灯は消えなかった。

「夕刊はきょう以上の戦争になるな」

「紙面動員と人の配置はいいか」

抜かりない作戦会議が開かれた。

朝刊応援組も含め、いったん帰宅させる者、そのまま夕刊に残す者などの配置もすんだ。当初、有竹デスクは朝刊終了後に帰宅し、翌日から盆休みに入る予定だったがこれを返上、臨時宿泊して夕刊応援をすることになった。

整理本部の人海戦術

大事件となると、取材陣同様に紙面編集に当たる整理本部も人海戦術が必要になる。特に顔写真の整理には泣かされる。写真が手に入ってもすぐに紙面化できない。記事は活字だけですむが、写真は写真製版にまわすので、その制作過程の時間も計算しなければならない。入る予定をしていても降版時間に間に合わなければはずすことになる。今回のように五〇〇人を超す作業は、いまだかつて新聞の歴史になかったことだ。名前と写真が違っていたら許されない。このチェックだけでも多くの目が必要になる。

しばしまどろんだ有竹デスクは、まず朝刊他紙に目を通す。これはいつものことではあるが、ちょっといやなものである。自紙に特ダネが入っている場合は別だが、よその新聞に抜かれていないか、記事の扱いが劣っていなかったかなど、ひやひやしながら見る。こんどの墜落事故では気になることばかりである。

「うまくない」

みずから下した判定である。

なんといっても早版の特オチは痛い。朝日、読売ともに一面トップで入れている。内容は毎日が突っ込もうとしたものとほぼ同じ内容である。それだけに残念だ。

最終版も他紙にまさっているとはとても言えない。

朝日は北関東などに配達した紙面から、自社ヘリ撮影による燃える日航機写真を入れている。読売も首都圏地域向け紙面に自社撮影による炎上機を入れ、最終版ではカラー写真になる。特に読売は最終版で「御巣鷹山付近に墜落」と見出しにうたっている。御巣鷹山の地名を出したのは、サンケイ、東京、日経も含めての六社中、読売だけであった。顔写真も乗客一〇一人を入れていた。

取材の一線から苦情

取材部門から顔写真についての苦情が入ってきた。せっかく苦労をして集めた写真がかなり載っていない。これはどういうことか、というのである。

地方支局からは、

「支局員はもちろん、通信部も総動員で集めた顔写真。それなのに、これでは一線記者がかわいそうだ。どうして掲載にならなかったのか理由を知りたい」

本社地方部デスクを通じての抗議が続く。通信部とは、同じ県内でも支局所在地以外に一人で駐在し取材に当たっている記者のこと。

苦情のとおりである。三六人しか掲載できなかった。しかしそれには理由がある。入手した時間から降版までの時間を入れると三六枚がぎりぎりだったのだ。すまないとは思うが、理解してもらう以外にない。

「夕刊で入れる。残りの取材も頼む」

文太は苦しい説明をしながら、いまだ入手していない写真取材を頼む。

夕刊での顔写真掲載は続けられた。

四人が生きている!

早版作業が始まる早々、「四人生存」が飛び込んだ。自衛隊員に抱きかかえられ、ヘリコプターに収容される川上慶子さんの写真が大きく扱われたのは当然だ。五二四人の中の四人。その生命の尊さは編集者の胸を熱く打った。

さて顔写真、その日の夕刊最終版では読売が二四三人、毎日が二二三人に達していた。その後も引き継がれ、全員そろったのは後日の特集面だった。朝日は当初入れなかったが、あとで全員まとめて掲載した。

悔いが残る〝敗戦〟

夕刊が終わった。作業はさらに朝刊へと引き継がれていく。有竹はここで〝解放〟された。洗面所で二四時間の苦闘の汗を流したが、心のキズは洗われなかった。あの早版の特オチである。

「なぜ、もう少し早く確認がとれなかったのか。降版もねばることができなかったか」の悔いがしぶとく胸のうちでうずく。

なんといっても、最近続いた降版遅れが足を引っ張った。列車延発の原因が毎日新聞によるものが一番多いとのこと。このため降版時間厳守は〝至上命令〟となっていた。この時間との戦いで敗れた。文太は何度も唇をかんだ。きょうはこのまま帰れそうもないな。反省会をやろう。

きのうの泊まり組と一緒に赤ノレンをくぐった。しかしその味は苦く、いい酔い心地とはほど遠いものだった。

劇的な四人の救出

生存者は結局四人だった。兵庫県芦屋市、吉崎博子さん（35）、長女の美紀子ちゃん（8つ）母子と島根県大社町、会社員川上英治さんの長女慶子さん（12）、それに休暇で搭乗していた日航アシスタントパーサー、落合由美さん（26）が九死に一生を得た。四人とも衣服はボロボロに破れ、骨折者もいたが、生命には別状ないとのことだった。

救出は劇的であった。

ガレキと灰の中から地上に突き出た手、それが動いた。捜索作業をしていた地元消防団員が最初に発見した。尾根の北斜面で機体の破片や灰などに埋もれている扇状のもの、「あれは何だ」と目を止めるとゆっくり左右に揺れた。何度も何度も繰り返す。吉崎博子さんの左手だった。その指には指輪がはめてあった。

「生きているぞー」

消防団員たちは素手で手の周りのガレキを取り除く。髪の毛が、顔が、体が次第に姿を現わしてきた。マッサージすると顔に赤みがでてきた。吉崎さんの埋まっていたところは立つのがやっとという急斜面だった。

吉崎さんの二、三メートルそばには愛娘の美紀子ちゃんも生きていた。しかし、母子と一緒に乗っていた長男の充芳ちゃん（9つ）、二女のゆかりちゃん（6つ）、夫の優三さん（38）

は帰らぬ人となっていた。

母子は墜落から一六時間ぶりに救出されたが、漆黒のヤミの中で、美紀子ちゃんの「ママ」の声に博子さんは「頑張って」と励まし続けていたとのことだ。

川上慶子さんは、父親の英治さん（41）、母の和子さん（39）、妹の咲子ちゃん（7つ）と一緒だったが一人だけ助かった。救出直後から自衛隊員らに「お父さんは？　お母さんは？」と安否をたずねていたが、むなしい願いとなっていた。慶子さんは一家四人で北海道旅行後、大阪の親戚へ遊びに行く途中で事故にあった。

落合さんは墜落から約二〇時間後の救出だった。かなりの重傷だったが、病院でつぶやくように「墜落後、近くで数人の元気な声を聞いた」と語ったという。それによると――。

墜落後、上空に飛んできたヘリコプターに手を振ったが気づいてくれなかった。はじめのころは、数人の子供たちが元気に声を出していた。段々とその声も元気がなくなり、やがて聞こえなくなった。

この〝証言〟から、救出の四人以外にも複数の生存者がいたが、時間の経過とともに力つきたようだ。救出の遅れが悔やまれてならない。一五日付朝刊社会面はトップにこれを報じた。

〈他にも生存者いたのに〉の横見出しの下に、

〈声、だんだん小さく
悔やまれる救出の遅れ〉

紙一重、生と死

事故には必ずといってもよいほど、そこには明暗がある。墜落機当初の予約客は五五八人いた。しかし実際の搭乗者は五〇九人で、キャンセルや乗り遅れで命拾いした人が四九人いた。

救出された四人はいずれも最後部、あるいはその近くの席にいた。川上慶子さんは、最後部で右隣に妹の咲子ちゃん、左に英治さん、和子さんの両親にはさまれるようにすわっていた。吉崎博子さんと長女の美紀子ちゃんの一家は後ろから七列目の中央部の席。左側から長男の充芳ちゃん、博子さん、優三さん、美紀子ちゃん、通路をはさんで二女ゆかりちゃんという順になっていた。落合さんは吉崎さん一家の二列後方左席だった。墜落時の衝撃の一瞬、運命が分かれたのだった。犠牲者の中には企業トップ級をはじめ多くの著名人がいた。歌手の坂本九さん、大相撲の元大関・清国（伊勢ケ浜親方）の妻、佐藤早苗さんと二人の子供も含まれていた。

「急げ空の安全」

絶対安全と言われたジャンボ機事故、原因究明は急がれた。

墜落機は一九七四年（昭和四九年）に就航、総飛行時間は二万五、〇〇〇時間。ジャンボ機は通常七万時間から一〇万時間は飛行でき、金属疲労など機体の老朽化は考えられない。しかし七八年六月、大阪空港着陸の際、後部の胴体を滑走ですり、外板が破損し乗客二人がけがをする〝シリモチ事故〟を起こした。外板は取り換えたが、最後尾（R５）のドアはそのままで運航させた事実もある。そのほか二件の事故や故障を起こしていた。

高橋雅巳機長は墜落直前「右側最後尾のドアが壊れた」と叫んだ。当然、調査の焦点は尾翼にしぼられていった。

ここに有力な証言があった。救出された日航アシスタントパーサー、落合由美子さんが語った内容である。

午後六時二五分ごろ、バーンという音が上の方であり耳が痛くなった。同時にキャビン内が真っ白になり、キャビン・クルーシート（客室乗務員座席）下のベントホール（室内の気圧調節孔）が開いた。ラバトリー（化粧室）上部の天井も外れた。同時に酸素マスクがドロップ。緊急事態を知らせる録音テープが流れ出した。機体はかなりひらひらフライトし、ダッチロール（機首が〝８〟の字を描いて飛行すること）に入ったようだった。そのうちに富士山が左に見えたので羽田に戻るものと思った。
一〇分ほどして酸素がなくなったが別に苦しくはなかった。コックピット・アナウンスはなかったが、パーサーから非常事態のアナウンスがあった。後部の乗務についているスチュワーデスと一緒にお客さまに対してライフベスト（救命胴衣）の着用と安全姿勢の指導をして回った。その後、自分もベルトを着用し、安全姿勢をとった。機体はやがてかなり急角度（真っ逆さまという感じ）で降下し出した。間もなく二、三回強い衝撃があり、周りのイス、クッションその他が飛んだ。自分の上にはイスがかぶさり身動きができない状況だった。お腹がちぎれそうに苦しかったがやっとベルトをはずすことができた。しかし、イスの間に体がはさまり身動きできなかった。

こういった意味の証言である。墜落時の模様がよくわかり、特に「バーンと音がして機内が真っ白になった」という点である。

原因究明を進めている運輸省航空事故調査委員会と群馬県警捜査本部は現場検証で、尾翼下にあるアフターバルクヘッド（隔壁）が爆風を受けたように損壊していたことを確認した。このため、隔壁が客室内の与圧された空気に耐えられず破裂したとの見方が有力になった。隔壁が壊れると、客室内の空気が爆発的に尾翼内に噴き上げ、内部から垂直尾翼を分解させることが考えられる。落合さんの証言とも一致しており、調査委員会は重視しているとのこと。

隔壁が壊れたのは、七八年の〝シリモチ事故〟などで金属疲労、微細な亀裂などの劣化が進んでいたことに起因するものとみられるに至った。

この原稿を見た文太は怒りにふるえた。これが事実だとしたら人災である。犠牲になった五二〇人になんとお詫びできるのか。

一六日付朝刊は一面トップでこれを報じた。

〈最初に後部隔壁破裂〉を横見出しにして、その下に五段の縦見出し。

〈客室から与圧空気が噴出

垂直尾翼を壊す

検証で有力に　シリモチ事故に遠因?〉

日航など国内四社のボーイング747型機の垂直尾翼緊急総点検が、このあとすぐに行われた。

後手後手の航空安全。やりきれない気持は文太だけではなかった。

11

特ダネになった美空ひばりの死

むずかしい死亡記事の扱い

一九八九年六月二四日

戦後の歌謡史

美空ひばりさん死去

一般歳出伸び3%台

中国総書記

江沢民氏が就任へ

四中全会開催　きょうにも発表

守勢一方の自民党

野党は強気の読み

夜明けも近い。そんな時間に時ならぬ美空ひばりの歌が流れた。一九八九年（平成元年）六月二四日。場所は毎日新聞社東京本社編集局内。歌うは数人。彼らは目をうるませながら朝八時まで続けた。

美空ひばり（本名・加藤和枝）さんはこの日未明に亡くなった。その悲報をいち早くキャッチし、二四日付朝刊最終版に入れたのがこの面々である。有竹文太もその一人だった。しかし紙面化するまでにはあぶない〝綱渡り〟があった。

ひばりがダメらしい

時計の針は午前一時に近かった。朝刊最終の14版も構想が固まり作業は進められていた。そんな時である。西部本社から社会部に電話が入った。

「美空ひばりがダメらしいという情報がある。くわしいことはわからないが、東京の順天堂大学付属順天堂医院に入院している。当たってほしい」

社会部デスクは整理本部に第一報を入れるとともに、複数の記者を順天堂医院へ急がせた。

「なにっ、ひばりが、それで状態は?」

当番次長（部長職）だった有竹文太は瞬間的に反応した。

「社会部が現場に飛びましたが、まだ連絡がありません」

そう答える一面デスクのM君は、その時に備えての紙面づくりを早くも考え始めた。

「亡くなったらトップだ」

それを耳にした文太はニヤリとし、大きくうなずいた。デスクはオレと同じ考えだ。それでいけという意味である。

紙面づくりは通常、デスク主体で進められる。当番次長はその日の責任者ではあるが、デスクが大きな脱線をしないかぎりまかせていく。文太もそうである。デスクは本番にも「トップでいく」と言って準備にかかった。本番とはデスクの片腕となるベテランの整理記者である。その本番A君がちょっと待ってくださいよ、とばかりに口を開いた。

「一面トップ扱い」でもめる

「一面トップはどうかと思いますね。せめて二番手でしょう。いくら有名な歌手でも朝刊一面トップは行きすぎです」

「いや、本日はこれにまさるトップはない。一〇〇年に一人出るかどうかと言われてきた歌手だ。歌、映画、ステージに四〇余年、国民的タレントとして活躍してきた美空ひばりだ。

今、幕が降りたのだ。終幕にふさわしくアタマだ」

「でも」と傍らにいた大組のB君が控え気味に言った。

「ボクも本番と同じ考えです。二番手以下でいいと思います」

大組とは、本番を補佐する役で、整理経験の浅い部員である。Mデスクは、本番と大組の両人に静かな口調で、むしろ説得するように続けた。

「君たちの年代からみると、その意見が出るのもわかる。しかし戦後の歌謡史に刻まれた彼女の足跡はあまりにも偉大で不滅だとオレは思う。こういう不世出とも言える歌手の死の扱いに対して、オレは悔いを残したくない」

自説を曲げないMデスクの態度に両君も
「わかりました」

と、一応は納得した。ニュースの扱いをめぐって、デスクと本番の意見がかみ合わないことはよくある。時によって侃侃諤諤《かんかんがくがく》、議論もする。ある場合はデスクが折れることもあるが最終的に断を下すのはデスクである。それだけデスクには重い責任と権限が持たされている。その決断に賛成できなくても、本番も大組も従わざるを得ない。

「百歩譲ってトップ。いいでしょう、デスクがそこまで言うならば。しかし同じトップでも縦の五段見出しにしておきましょう」

A君は執ように食い下がってきた。

「五段？　なにを言うんだ。このニュースを一面に持ってくるのに五段扱いなんかできるか。六段だ」

Mデスクは強く言った。はじめに一面トップを口にした時、まさか反対されるとは思わなかった。年齢的にも一〇歳以上違うから、自分の育った時代とのズレがそうさせたのかと考えた。時間の流れはニュースの価値判断にも差異を生む。これは当然なことで絶対的なものではない。しかしA君がこうも抵抗してくることに意外な気がした。

「中途半端はいかん。目立つ扱いでいこう」

Mデスクの方針は揺らがなかった。

一方、社会面担当デスクは迷っていた。今から社会面トップを変えるかどうかである。

「ひばりの死、一面だけにまかせよう。社会面は既定方針でいく。そうでないと二つの面の降版が大幅に遅れるから」

それを耳にした西北担当のC君が強い調子で言った。

「一面がトップで扱っているのに、社会面に関連記事が載っていないのはおかしいですよ。予定記事はできているし、すぐにかかれば間に合うんじゃないですか」

西北担当というのは、大阪、西部、中部各本社と北海道支社との窓口をつとめる者で、経験豊かな整理記者が当たる。

「よしっ、社会面もトップ入れ替えだ」

死亡予定稿を使う

軟派デスクも踏み切った。そして予定稿の刷りを本番に渡した。予定稿とは、ある事態が起こることを予測して、あらかじめ書いておく原稿のことである。喜びの場合もあり、悲しみの場合もある。こんどのは「悲しい時」すなわち死去である。

彼女は約二年前に体調を崩し、一年後にはカムバックしたが、再び闘病生活に入った。そのころから万一の時に備えた。ご本人に対しては失礼になるかもしれないが、そうすることで、すぐに紙面化できるからである。これが、ニュースを知ってから原稿を書き、活字にするとなるとかなりの時間がかかる。やむを得ない備えである。

方針は決まった。「一面と社会面のトップでいく」。文太の考えていたとおりになった。第一報が入ってから六、七分しか経っていない。

この間、順天堂医院へ向かった社会部員の取材はどうなっているか。最も気になるところである。整理本部としては二段構えでいくことにした。

すでに組み上がった最終版の一面、社会面とは別に、もう一つ「ひばり死去」の紙面をつくった。内容はほとんど予定稿である。書き出しは「美空ひばりさんが逝った。昭和の代表的な歌手、美空ひばりさんが○日○時○○のため○○○で亡くなった」で始まる。そのあと、九歳で歌手にデビューしてから四○余年間の足跡を約一○○行の記事でまとめてある。社会面は「一人のスターとして日本人の心に彼女の死ほど衝撃を与えた〝事件〟はあるまい」として、一昨年、旅先の福岡で入院した時以来のことにふれる。そして生い立ち、数々のエピソードなどを約一五○行でていねいに書いてある。

当然、写真も入れなければならない。調査部へ走る。美空ひばりの写真だけでも膨大な数である。その中から一面にはこの年の三月二一日、ラジオ出演した時のもの。社会面は思い出になるようにと、「りんご園の少女」＝一九五二年（松竹）＝に主演した愛くるしいのを選んだ。

見出しは一面が

〈戦後の歌謡史、国民とともに〉

のサブタイトルの横に

〈美空ひばりさん死去〉

として、六段白抜き黒ベタ。これは通常の活字の見出しよりもはるかに目立つ。

社会面は〈日本人の心を歌い40年〉の白抜き黒ベタ横見出しで目を引く。

さあ、紙面はできた。あとは悲報の確認が入ったとしても対応できる。

手さぐり取材の社会部員

そのころ、社会部員は〝手さぐり〟取材をしていた。病院に来たものの中に入れない。深夜でどこも閉まっている。入り口を探しながら社会部デスクに連絡してきた。

「まだ中に入れないままです。確認をとるまで時間がかかりそうです」

そのまま整理本部に伝わる。組み上がった紙面を見ながらMデスクは時計に目をやる。

「降版時間ギリギリまで粘ります」

Mは文太のところへ言ってきた。文太としても気持は同じである。

「うん大丈夫だ。まだ時間はある」

デスクを励ます意味で答えた。

組み上がった紙面の肝心なところが抜けている。死亡場所は順天堂医院としたが、日時と死因はまだ○○となっている。

「社会部からまだ言ってきませんね」

A君も気にしている。

「うん、六月二四日は間違いないが問題は時間だ」

Mデスクは、つぶやくように言いながら思いきって〇〇のところへ赤筆を入れた。

「午前零時過ぎ」「心不全のため」

「これでいこう。ただし最終決断にはまだ早い。もう少し社会部情報を待つ」

こうなったら分刻みの勝負だ。決断の〝その時〟を待つのは辛いものである。文太もMデスクもじっと耐えた。気付くと文太は貧乏ゆすりをしていた。

やっと確認、それっ行け

社会部に緊急連絡が入った。一瞬、みんなの顔に緊張の色。一面と社会面デスクが社会部デスクの方へ目を向ける。整理本部の席からは電話の内容はわからない。しかしじっと耳をすます。

「うんわかった。引き続き頼む」

電話を切った社会部デスクがメモを手に駆け寄ってきた。正式な確認ではないがと前置きして説明した。その説明によると、こういうことである。

社会部記者たちは、なんとか病院の中へ入ることができた。しかし深夜の病院は深く寝静まっている。当直の医者に会いたくても会えない。確認のしようもない。手分けして院内を駆けめぐるうちに、一人の記者が薄暗い廊下の彼方に看護婦らしき影を見た。急いで近づき声をかけた。

「今晩は、ご苦労さんです。ひばりさんが亡くなったそうですね。いつだったでしょうか」

その記者はとっさに〝カマ〟をかけた。何も知らない口ぶりでは答えを得られないと思っての誘いだった。

「ええ、そのようです。今さっきです」

さらにくわしく聞こうとしたが、警戒してか急に口を閉じ、駆け抜けるようにして去った。

「よーし、死去の紙面だ。ゴーだ」

両デスク一緒である。現場は待っていた。間もなく輪転機は一斉に動き出した。もう前進あるのみである。

Mデスクは、死去時間と死因を早目に入れておいてよかったと思った。現場記者もそこまでは取材できないままである。「午前零時過ぎ」と「心不全」としておけば間違いにならぬからである。

刷り出した最終版はすぐに編集局に上がってきた。乾ききらぬインクがかすかに手につく。さっと広げて文太は念じた。

(誤報でありませぬように)

両デスクも口にこそ出さぬが同じ考えであったろう。なにしろ、決定的な確認をとってないのに「ゴー」サインを出したのである。もしも誤報ということになれば……、思うだけでも背筋が冷たくなる。速報も大切だが正確でなければならぬ。文太はこの日の責任者としてクビをかけた。頭の中では「辞表」を書き終えていた。

両デスクもそのようであった。当番次長一人に責任を負わせるものか、オレたちも潔くクビになろう。心のうちが、顔にそのまま表われている。自然と編集局内に重苦しい空気が漂う。

通常の場合、最終版ＯＫをしたあとは、反省会と称して一杯やりながら刷り終わるのを待つ。この日はとてもその気にはなれない。みんな黙々と新聞を読んでいる。時たま、つけっぱなしのテレビに目を向ける。

「おっ、テレビがやってるぞ」

だれかが大きな声を出した。

民放だったか、「美空ひばりさんが亡くなったようです」の速報。刷り始めてから二〇分経っていた。さらに一〇分ぐらい経ったところではっきり。

「美空ひばりさんが亡くなりました」

文太も一緒になって、その画面を食い入るように見た。そのうちに画面が涙で曇った。誤報でなかったことに対する安心感の涙である。とともに芸能界の女王とまで言われた彼女の終焉を悼む涙であった。

社会部記者からの正式確認も入る。

「ひとり酒場で――」

だれかが、ひばりのヒット曲の一つ、「悲しい酒」を口ずさんだ。

ひばりちゃんをしのぼう

「ひばりちゃんをしのぼうじゃないか」

文太は言った。すでに〝宴席〟はできていた。この時間になると編集局もガランとしている。その一隅に集まった。ウイスキー、缶ビール、冷酒に肴は乾きもの。

好みによってコップに注ぐ者、湯のみ茶わんにする者、いろいろだが、さきほどの重い空気はきれいに洗われていた。どの酒を飲んでもうまい。文太も、デスクもアルコールに強い。クビが飛ばずにすんだ気持ちも手伝って酒の量はふえる。酔うほどに〝ひばりの思い出〟が出る。歌が出る。

「ひばり全集はないかな」

だれかが学芸部に行って持ってきた。帰り支度をしていた外信部デスク、経済部デスクも輪の中に入った。いずれもMデスクと同じ世代に育った仲間である。歌詞は忘れてもメロディーは頭の中で生きている。かくて交代で歌い続けた。

学芸部・芸能担当のK記者も駆けつけてきた。彼は前夜ある仕事で打ち合わせのあと二次会、三次会と飲み歩き帰宅は〝午前さま〟であった。「社から電話があった」とのことで、ひばり死去を知り、そのまま出社したようだ。

「第一報のあと、君を探したがつかまらなかった」

Mデスクに言われたK君は頭をかきながら、

「すまん、すまん。あした、じゃなくてきょう夕刊で書く」

「そうだ、夕刊一面に署名入りで書けよ」

飲みながら、歌いながらの中でも、早くも夕刊のことを考えている。初夏の夜明けは早い。それでも、しのぶ歌は流れた。八時になった。早出の夕刊組が現われはじめた。さすがにここでストップ。全員一睡もしないで夕刊応援に回った。

夕刊も押せ押せムード

朝刊は毎日の独り舞台だった。こういうことはめったにない。都内の多くの毎日新聞専売店主から編集局長、整理本部長に電話が入った。

「美空ひばり死去の特ダネは実によかった。こういう特ダネが入っている新聞は、配る側もうれしい。配達が少し遅れたところもあるが、読者のみなさんはわかってくれました。われわれも胸を張って説明できます」

販売店は読者との接点にあり、いろいろナマの声を伝えてくれる。時には苦情も飛んでくるが、いい新聞にはともに喜んでくれる。この朝の〝お誉めの言葉〟は、文太たちにとって〝最大の勲章〟でもあった。前夜の疲れは吹き飛んだ。夕刊応援も押せ押せムードになる。

夕刊一面と社会面のトップは当然だが、そのほか新たに三つの面を動員した。原稿はこんどは予定稿ではない。すべて書き替えた内容である。発表された死亡時刻は二四日午前零時二八分、死因は間質性肺炎に伴う呼吸不全で、肝硬変と大腿骨骨頭壊死も併発していた。

ひばりさんは前年の一一月ごろから歩くと息切れがするなどの症状を訴え出した。年が明け三月中旬ごろ症状が悪化したため入院。一時快方に向かったが六月一〇日に容態が急変し一三日から意識不明の状態が続いていたという。

学芸部・K記者の「大衆とともに――〝時代〟を歌う」の署名入り記事は三段囲みで入れた。彼は昨年末、東京・目黒の自邸で美空ひばりに会い、ドクターストップがかかるまで話し続けたことがあり、奥の深い内容だった。

三面は写真特集。シルクハットをかぶって「悲しき口笛」を歌うひばり、映画「伊豆の踊子」の主演姿、同「鞍馬天狗・天狗廻状」で嵐寛寿郎との共演姿、不死鳥姿で東京ドームの復活第一回公演など全部で八枚を組み合わせて使う。

社会面は左右見開き。左ページには雨の中、次々と訪れる弔問客。訃報に接し「一つの時代が終わった」と惜しむ声、声。また集中治療に当たった医師に「頑張ります」と語ったひばりさんの最期の言葉などで埋まる。

右ページには主な歌を年代別に掲げ、その横には映画全作品リストをこれも年代別に入れる。この日、レコード店ではＣＤやカセットが飛ぶように売れ、テレビ各局は特別番組を編成。有線放送はリクエストに応え、朝から歌声を流しっぱなし。列島は〝ひばり追悼〟一色といった内容である。

ここで一面の〈美空ひばりさん死去〉から社会面までの主見出しを順番に拾っていくと、こういうふうにつながった。

〈美空ひばりさん死去〉――〈真赤な太陽が沈んだ〉――〈でもひばりは生きている〉――〈その日、悲しい酒、歌〉

それぞれのページで、それぞれの担当者が、それぞれの考えで見出しをつけているのだが、言葉が重複しないようになっている。しかも一貫している。整理記者の腕の見せどころである。

他社もほとんど同じ扱いである。ところが最終版になって、毎日新聞は一面の扱いを変えた。それまでのトップから二番手にする。夕刊2版（北関東と山梨、静岡）、3版（主として南関東）まではまだ報じられていなかった地域だからトップにしたが、最終の4版は違う。すでに朝刊で報道ずみである。それで二番手になった。本文の書き出しも「美空ひばりさんが死亡したとのニュースは……」で始まる。続報でなければこのようには書けない。見出しも、

〈ひばりさんの死去
　哀惜の歌　列島をおおう
　　一〇日から肺炎悪化〉

となった。

どこの新聞社もそうだと思うが、他社に抜かれた記事の〝あと追い〟はいやなものだ。モノによっては扱いを落としたくなる。しかし、こんどのようなニュースはそうはいかない。それだけ「ひばりの死」はビッグであったのだ。文太は紙一重とも言える朝刊作成時のことを思い起こした。怖い時間との戦いであった。

美空ひばりさんは五二歳だった。一九三七年横浜市で生まれ、九歳で美空和枝の芸名で芸能生活のスタートを切った。二年後、「リンゴの歌」「港シャンソン」を歌い、この年から美

空ひばりとした。一九四九年「悲しき口笛」が大ヒット、「リンゴ追分」と続く。一九六二年に俳優の小林旭と結婚したが二年足らずで離婚した。六五年には「柔《やわら》」で第七回日本レコード大賞を受賞した。そのレコードは約一四〇万枚の大ヒットになった。翌年の「悲しい酒」は今でも名曲として親しまれている。そして「川の流れのように」まで一、二〇〇曲近い歌を残した。映画でも一五〇本以上に出演したスーパースターであった。

むずかしい死亡記事の扱い

さて、死亡記事の扱いは、やさしいようでむずかしい。この扱いをうまくこなせるようになれば整理記者も一人前と言われる。いや、ベテラン記者でもしくじることはよくある。

死亡記事は一般的には社会面（全国版）の最下段に掲載する。一番〝軽い扱い〟は見出しもなく、氏名だけを本文活字と同じ一倍（全角）、それを太字にして横に死亡罫《けい》を置く。一番軽いといっても、そう簡単には社会面扱いにはならない。それなりの社会的地位にあったとか功績がなければダメである。

これにはある基準がある。たとえば、会社関係では一部上場企業の役員以上、大学ならば教授以上といった具合。こういった人たちはそれにあてはめればよいから問題はない。しかし、同じ大学教授でも、会社役員でも軽重がある。その程度によって氏名を一・五倍の大きさにしたり、一段の見出しをつけたり、顔写真をつける。

それがさらに、二段、三段、四段扱いとなる。さらには一面に本記を出し、社会面に関連記事を入れる。その一面と社会面扱いも故人の社会への貢献度や知名度によって変わってくる。こうなると扱いに神経を使う。まずい扱いをすれば「モノを知らない」と笑われてしまう。

整理記者がニュースの価値判断をする場合、その人の持つ信念、経験、教養、思想、信条、趣味など幅広いものが裏付けとなっている。死亡記事の判断では特にそれが問われる。にわか勉強でできるものでもない。日ごろの積み重ねが、いざという時に出てくる。それだけに短い死亡記事でも真剣勝負の構えとなる。

衆参両院の現役議員は一面に出す。かつては社会面扱いだったが、政界にもたらす影響なども考慮して一面扱いになった。一方、元とか前の議員は社会面でベタ扱い、という〝決まり〟のようなものがある。しかし、これも議員当時の実績によって扱いは大きく変わる。同じ社会面でも見出しがついたり写真もつく。かつての大物ともなれば一面で目立つ扱いとなる。たとえば総理大臣経験者とか大臣の重要ポストをつとめた人たちである。といって首相経験者はすべて同じかというとそうではない。やはりそれぞれの歩んだ道に評価は分かれる。

田中角栄元首相が亡くなった時は一面トップで報じられた。号外も出した。病で政治の世界から身を退いた人をである。金権政治を厳しく批判された人でもある。しかしその一方で日中国交正常化など大きな足跡も残した。戦後政治家の中でその政治手腕は群を抜いていた。ロッキード事件の被告として最高裁に上告中である。徒手空拳で今様太閤におさまった。田中元首相の死は単なる元政治家の死とは違う。こういったところからビッグニュースとしての価値判断が生まれた。

芸能界の死亡ニュースも小はベタ扱いから、大は美空ひばりの一面と社会面トップまでに分かれる。この世界で、一面と社会面ともにトップ、しかもほかのページまで動員した例は過去にない。各新聞社もほぼ足並みを揃えていた。片寄った物の見方ではなかったと言えよう。「こういう例がこれからもあるか」と問われるとちょっとむずかしい。

ニュースの扱いはその日に起きたものの中で決められる。したがって、大事件が起きた場合と比較的静かな日とでは違ってくる。たとえば、ジャンボ旅客機墜落で乗客絶望とか、大地震が起きた、総選挙開票日などと重なれば、当然こちらのニュースが優先する。

そうでなくても、「この人の場合は絶対この扱い」ということは言えない。時の流れはニュースの価値も変えていく。美空ひばり死去の扱いでデスクと本番は一致しなかった。こんどの場合、デスクが主張を貫いた。何年か後だったら逆の結果になることも当然あり得る。

石原裕次郎と渥美清の場合

美空ひばりさん死去の前後に有名な二人の死がある。その扱いを見よう。

前の例としては、石原裕次郎さんである。彼は一九八七年（昭和六二年）七月一七日午後四時二六分、肝臓ガンのため東京の慶応病院で亡くなった。五二歳だった。映画「太陽の季節」でデビュー以来、若い世代に圧倒的な支持を受けた。一〇〇本を超す映画に出演し、レコードも主演映画のテーマ曲など四〇〇余曲。第九、一七回の日本レコード大賞特別賞にも輝いた。独立して石原プロを設立してからも「黒部の太陽」などの意欲作を生み出し、テレビドラマ「太陽にほえろ！」「西部警察」シリーズもヒットさせた。

毎日新聞は朝刊一面四段扱いにし、社会面でも見開きでトップにした。

〈裕ちゃん　思い出ありがとう〉の一段白抜き黒ベタの横見出し。受けた縦見出しで〈嵐を呼んで駆け抜けた……〉、その他〈臨終の床〉〈ガンを知らされず三年、本人は知っていた？〉〈忘れられぬあの歌、この作品〉などの記事で埋まる。

朝日新聞は一面に出したが三段扱い。社会面は毎日と同じトップで目立つ展開であった。毎日と朝日の両紙を比べると、一面の扱いこそ四段と三段に分かれたが、ほぼ同じ価値判断である。

次に後の例としては渥美清（本名・田所康雄）さん。渥美さんは一九九六年（平成八年）

八月四日午後五時一〇分、転移性肺ガンのため東京の病院で死去した。遺族だけで密葬をすませ、その死がわかったのは七日だった。各新聞社とも八日付の朝刊ではじめて取り上げたが、毎日、朝日は一面で四段、社会面は見開きでトップにした。一面掲載の写真も最後の作品となった「男はつらいよ」第四八作のロケで、神戸の被災地を訪れた時のものだった。

渥美さんは東京・上野の生まれ。コメディアンとしての道を歩むうちにテレビ、映画でもヒット、俳優の地位を確固たるものにした。なんといっても人気を決定付けたのは山田洋次監督の「男はつらいよ」シリーズである。一九六八年にフジテレビの連続ドラマとして始まり翌年に映画化された。主人公「フーテンの寅」を演じる渥美さんの人情味豊かな演技力は日本列島を魅了した。それが四八作という長寿シリーズにつながった。毎日映画コンクール主演男優賞、毎日芸術賞特別賞も受けた。

両氏の場合、二つの新聞の展開が足並みをそろえる結果になった。お互いに見えないところでつくっていてもこういうことになる。整理記者の判断に差異がなかったと言える例である。後日、文太はみずからに問いかけた。

「石原裕次郎、美空ひばり、渥美清の順で亡くなった。いずれも国民的人気は抜群で、今なお心の中に生きている。なぜ、ひばりだけが一面トップになったのか」

答はこうである。

「三人にランクはつけたくない。しかし不世出と言われたひばりの歩んだ道を考えると、おのずと答は出てくる。今でも扱いはあのとおりになると思う」

円生師匠とパンダの死

もう一つ、死亡記事の扱いで話題になったことを取り上げてみたい。一九七九年（昭和五四年）九月四日付の最終版朝刊である。落語界の三遊亭円生師匠と上野動物園の人気もの、パンダ（ランラン）の死が報じられた。

円生（本名・山崎松尾）師匠は三日夜、千葉県習志野市内で開かれた「円生後援会発会式」に出席し一席をつとめた。そのあと「気持が悪い」と言い、しばらくして「胸が苦しい」と訴え意識不明になった。近くの病院へ運んだが同夜九時三五分死去した。心筋こうそくと肺水腫が死因だった。この日が七九歳の誕生日であった。落語界の第一人者で、七三年には落語家としてははじめて天皇、皇后両陛下に招かれ「御神酒徳利《おみきとくり》」をお聞かせしたこともある。

一方のランラン（メス）は四日午前一時二四分、急性腎不全に尿毒症を併発して死んだ。八月三一日昼、突然けいれんを起こして倒れ、人工透析などの治療を続けていたが五日目に息を引き取った。七二年一〇月二八日、日中国交回復を記念して中国からオスのカンカンとともに贈られた〝親善大使〟であった。日本の土を踏んでから約六年一一カ月、爆発的な人気を呼んだ。年間三五〇万人がパンダ舎に押しかけたという。死んだ時は一〇歳だった。「ランラン倒れる」のニュースは日本列島を駆けめぐり、新聞は連日大きく扱った。問い合わせの電話が相次ぎ、読者の関心の高さを示していた。そのランランがついに死んだ。最終版ギリギリでこのニュースは各紙ともに入れた。

ここでその扱いである。ランランは毎日新聞も朝日新聞も一面に写真入りで大きく掲載した。毎日は五段で、朝日は四段。両紙はさらに社会面のトップにした。一方の円生師匠は一面には一行も入らず社会面の二番手扱い。ただ、読売新聞はランランについては一面写真入り四段で他の二紙とほぼ同じだったが、社会面では円生師匠をトップにした（一面には入れず）。

パンダが日中友好のシンボルということもあるが、大きな図体と茶目っ気たっぷりの動作は理屈抜きでかわいい。日本人のほとんどに愛された。その動物の死が大きく扱われたのは当然である。しかし円生師匠については三紙ともに一面には出さなかった。一般的には死亡記事の一面扱いは珍しい。円生師匠もその範ちゅうと言えばそれまでだが、納得できない人もいるだろう。

動物のパンダより人間サマ、しかも高座で倒れた円生のほうがニュース性があると言いたいのではないか。事実、当時そういう声もあった。しかし有竹文太は思う。

三つの新聞を比較した場合、社会面トップではランラン2に対し円生1と分かれたものの一面の扱いでは各紙とも大差はない。どれが「絶対的に正しい価値判断」とは言えないまでも妥当な扱いだったと思う。ニュース性の大小（軽重）は必ずしも人間と動物の死の重さにイコールするとは限らない。物の見方には異論があってもいい。また、あるのが当たり前ではないか。新聞はそこに〝最大公約数〟を求めていくのである。それくらい死亡記事はもちろんニュースの扱いはむずかしいし、神経をとがらせなければならない。

12

暁の夢を破った阪神大震災

大被害に急きょ四ページ増を決断

一九九五年一月一七日

近畿に直下型大地震

MAINICHI 毎日新聞 夕刊

M7.2、神戸震度6

倒壊、火災 交通網寸断

死者430人超す

地震関係ニュース 2・3・4・5・8・9

六、四三二人の犠牲者を出した「阪神大震災」。この地震のネーミングの〝生みの親〟は有竹文太である。文太にとって、あの日のことは生涯忘れることができない。

「ひどい！　すぐに出社する」


一九九五年（平成七年）一月一七日午前六時過ぎ、文太は起こされた。

「大阪のほうで大地震があったようですよ」

妻の声に飛び起きた。

テレビはかけっぱなしになっている。やがてその目に飛び込んだのが横倒しになった阪神高速道路の高架である。

早速、会社に電話を入れ、編集制作総センター（旧整理本部）の当直者を呼んだ。センターでは通常、前日の最終版が刷り終わったあと少なくともデスク一人と兵隊二人が泊ることになっている。

「神戸の地震はひどいようだが、くわしい情報を知りたい」

「大阪からは一報程度でくわしいことはわかりません」

「至急、大阪情報を集め連絡してくれ」

しばらく待ったが、当直者からの連絡はない。

「ダメだ、だいぶ混乱しているようだ。すぐに出かける」

テレビでもくわしいことはまだ報じていないが、高速道路の高架が倒れるということは、ただごとではない。被害はふえる、犠牲者がかなり出るのではないか。文太の頭にひらめいたのはそのことである。

文太は、東京本社編集局の編集制作総センター室長（編集局次長職）である。かつての整理本部に地方版編集、校閲部などを包含した大世帯のトップである。この日は室長の職務とは別に朝刊交番の担当者にもなっていた。夕刊交番担当はほかの局次長が当たっていた。しかしセンターのトップとしてすぐに出かけなければならない。

朝食を流し込むようにしてすませ家を飛び出した。通りに出てからすぐにタクシーを拾った。車内で考えた。

文太はかつて毎日新聞大阪本社に三年半在職したことがある。阪神は地震のない、あるいは少ない地帯と聞いていた。三年半の間、地震にあったこともなかった。それがなぜ、高速道路の高架が倒れるような地震が起きたのか。

「運転手さん、ラジオを入れてくれますか」

「いいですよ。神戸のほうの地震、かなり被害が大きいようですね。実はあちらに友人がいるので心配でラジオをかけていたのですが、車を止めた時にいったん切ったのですよ」

家を出た時よりも被害が大きくなっている。広がる火災の地域、進まない消火活動。想像を上回るニュースを耳にして胸を暗くした。

編集局に入ると中は騒然としている。いつものことながら、大事件が起きると局内は戦場となる。怒号が飛び目も殺気じみてくる。平常ならまだ静かな時間帯だが、人の数もふくらむ。夕刊担当者のほかに応援組が駆けつけているからだ。

夕刊の特別紙面

号外発行、そして夕刊。紙面動員が当然行われた。地震関係ニュースは一面のほか、二、三、四、五、八、九の六つの面にわたって展開することになった。このため「ニュースランド」「アット5」「コラムランド」は休載とし、いつもは二面におく「どーれだ」は五面に、小説「かくも短き眠り」は七面に移した。

こういう紙面割《わり》変更も編集制作総センターの仕事である。関連各部に連絡し、原稿を待つ。記事は大阪本社からの原稿が主体となるが、東京で取材できるものはそれぞれの取材部門で進めている。

時間の経過とともに死者・不明者・負傷者の数は大きくふえていく。

「火はまだ消えていない。倒壊家屋の下敷きになっている人たちを早く助けなければ、さらに犠牲者を多くする」

テレビを見ながら不安は募る。その一方で、大阪からの原稿、写真が殺到する。大阪管区気象台によると震源地は淡路島。震源の深さは約二〇キロの直下型。地震の規模はマグニチュード（M）7・2とのこと。

一面は二段左右いっぱい白抜き黒ベタの横見出し〈近畿に直下型大地震〉を置き、その下に八段で

〈死者四三〇人超す

五八〇人不明、負傷八〇〇〇余〉

の超大見出し。そして中央に

〈M7・2、神戸震度六、倒壊、火災、交通寸断〉の五段見出し。

通常は記事下に三段の広告が入るが、それもはずす非常手段で全面ニュースとする。写真は阪神電車が横転し、民家にも火災が発生した阪神電鉄住吉駅付近の現場を七段で大きく扱う。

二、三面は見開き写真特集。この面も記事下広告をはずした。

〈早朝の烈震、崩壊した街〉

の見出しで八枚を使う。

右ページには、橋脚が根元から崩れ横倒しになった阪神高速道路高架、地面が割れ車が落ち込んだ神戸ポートアイランドの岸壁、阪神高速道路が落下し半分落ちかかったバス、崩壊した神戸市三宮駅前の飲食街、多数の民家が倒壊した淡路島（一宮町）の五枚。

左ページは倒壊して火災が発生した西宮市甲子園口の雑居ビル、崩れた第一勧銀神戸支店、黒煙を上げて燃え続ける神戸市須磨区市街の三枚。

信じられないような惨状である。まだまだ、空から、あるいは地上で撮った写真が電送で送られてくる。それらを社会面とか地震関連面に振り分ける。

地震の名称を「阪神大震災」に

この夕刊作業が進む中で、文太は気象庁が発表した「今回の地震を平成七年兵庫県南部地震と命名」に抵抗を感じた。

死者・不明者を合わせると一、〇〇〇名を超すようである。被災家屋も想像を絶するものがある。大震災とすべきである。しかし夕刊は気象庁の命名にそって「兵庫県南部地震」と見出しに出している。夕刊はこれでいくとしても朝刊でなんとか変えたい。ひそかにそう思った有竹文太は、夕刊が終わったところで社会部の筆頭デスクに耳打ちした。

「今回の地震のネーミングを考えてみたいね。大阪社会部とも相談してみてくれ。たとえば、阪神大震災とか……」

文太はこの時、あといくつかの候補を出した。文太が気象庁の命名にこだわったのには過去にこんな例があったからだ。

昨年一二月、三陸沖で地震が発生した。この地震はその前年（一九九三年）一月の釧路沖、同七月の北海道南西沖、そして昨年一〇月の北海道東方沖の地震など一連の北海道地震に連動して起きたとみられている。気象庁は三陸沖地震に「三陸はるか沖地震」と命名した。新聞もそのまま、このネーミングを使ったが、文太は思った。

「三陸はるか沖」とはどこを指すのか、はるかと言えば、遠くアメリカだってその中に入る。もう少し適切な表現ができなかったのか。地震というとすぐ、この気に入らないネーミングを思い出す文太であった。そこで今回の地震にはその呼称にこだわった。

事件現場は大阪本社管内である。東京・社会部デスクは大阪・社会部に連絡し結論を求めた。やがて大阪・社会部から連絡があった。

「今回の『兵庫県南部地震』は『阪神大震災』に統一したい」

この日の朝刊から毎日新聞は全社で「阪神大震災」でいくことになった。ただ、一月一八日付朝刊一面の前文だけは「一七日未明に起きた『兵庫県南部地震』による阪神大震災は……」

とし、見出しはすべて各面とも「阪神大震災」に統一された。

この統一に首をかしげる者もいた。早版の大刷りを見て文太のもとに言ってきた。

「どうして阪神大震災にしたのですか。気象庁発表の『兵庫県南部地震』にすべきだと思います」

「むしろ君に聞きたい。二つを比べてどちらがこの場合、適切と思うか」

「それは阪神大震災のほうがぴったりとは思いますが、気象庁発表を無視するのはまずいのではないか……」

「無視しているのではない。夕刊に気象庁発表は記事として入れている。朝刊も一面トップの前文には兵庫県南部地震による阪神大震災としている。気象庁発表は発表として、毎日新聞はこの大惨事を阪神大震災として扱うことにしたのだ」

「他社の新聞や放送関係は兵庫県南部地震としている。毎日だけ違うネーミングで読者に違和感を与えませんか」

「みててご覧、必ず他社もついてくると思う」

「そうすると、これからもずっと阪神大震災でいくのですね」

「もちろん」

文太との会話である。

文太には自信があった。またそのとおりになった。他の新聞も「阪神大震災」とし、約一週間後には放送も含めてすべてが足並みをそろえた。

名称は大切である。それがそのまま後世に伝えられていく。ひと言で言い表わせるネーミングは簡単なようで難しい。新聞の見出しもそうである。三行の見出しが一〇〇行の記事にまさることもある。

文太は今、編集局幹部として直接紙面作成に携わることはない。しかし長い整理記者の体験から、大事件、大ニュースの場合、燃えてくるのである。

朝刊は急ぎ四ページ増に

夕刊作業が進む中で、文太の頭の中では朝刊対策があれこれと立てられていた。一八日付朝刊の担当交番として当然のことではあるが、どうみても既定の建てページでは満足できる紙面はおぼつかない。この日の夕刊は広告をはずしたり、急がない企画・特集を預かるなどのやりくりをしていたが、朝刊はそれだけではニュースを収容しきれない。なんとかならぬか、せめてあと四ページ欲しい。

建てページとは、あらかじめ決められたページ数のことである。これをもとに各日付ごとの一面以下最終面までの紙面割がつくられる。これは出稿予定（行事など）をもとに編集制作総センターの次長が一週間ごとに作成する。たとえば、一月第三週第一日の○日は夕刊○ページ、朝刊○ページ、内容はこうだと、各面ごとの記事掲載段数、広告掲載段数が記される。事前にこれを関係各局・各部に配布、それぞれの職場はすべてこの紙面割によって動く。現場部門も印刷用紙はもちろん、人の配置も抜かりなく整えておく。

大事件の場合、紙面割は大きく変えられる。しかし建てページそのものを変更するということは至難の業《わざ》である。特にその日になっての変更などはめったにない、というよりできないことになっていた。それを有竹文太は敢えてやろうというのである。

文太は、かつて三原山の噴火の時にこの離れ業をやった先輩のことを知っている。

朝刊交番に入る前に、工程委員会幹事に考えを出し打診した。

「阪神大震災はもっともっと被害が広がる見通しだ。朝刊の建てページでは厳しい。増ページしたいと思う。その場合は紙だ。工場の用紙がどうなっているか調べてほしい」

「今の建てページ内での操作ではないんですね」

「もちろん、その程度では追いつかない」

工程委員会は総センターの横にあり、新聞制作工程がスムーズにいくように現場との間の窓口になっている。

工程委では早速、社内と傘下の各印刷工場の手持ち用紙と対応の可否を打診した。いずれもOKだった。

「四ページ増OKです」

この返事を待っていたのだ。建てページ増がはっきりしないと具体的な朝刊作戦が立てられない。朝刊交番会議までに結論を出したいと思っていた文太だけにうれしかった。

「きょうの朝刊は四ページ増でいく」

文太の声には張りがあった。

死者、不明者さらにふえる

ここで朝刊の具体的な紙面展開が決められていく。

一面は当然のことながら「余録」も含めて全部阪神大震災の記事。二面以下の内容は次のように振り分けられた。

まず二面は地震研究家による〈列島全体が活動期〉との見方を中心としたもので、〈いっそうの注意を〉を呼びかける。三面は〈もし首都圏で発生したらどのような被害が出るか〉の予想、専門家の見方、それと阪神大震災ドキュメント。四面に〈人命救助に全力〉の首相会見、直撃された通信網、広範囲の停電など。亡くなった方々の名前は五面。一二、一三面にマヒした経済活動、遅れる防災対策。一四、一五面には見開きでカメラルポ。そして二六、二七面を社会面として、必死の救出作業。それぞれの面にもなまなましい写真を入れる。

最終版に入っても死者、不明者はさらにふえていく。一八日午前零時四五分現在、死者は一、六八一人、不明者一、〇一七人、負傷者六、三三四人を数えた。倒壊した家屋は七、九〇〇戸以上になり、神戸市中心部では一八日未明になっても火災が続いた。西宮、尼崎市などを合わせて約一三万人の市民が体育館などに避難し、不安な一夜を過ごしているとの原稿も入る。また交通機関は一七日、終日マヒ状態が続き八〇〇万人以上が影響を受けたとのこと。都市機能は当分、大幅に低下しそうだ。

気象庁の観測によると一八日午前一時現在、余震は六五六回に上った。うち人間の体に感じる有感地震は六三回だった。

一面最終版の内容はこういったもので、見出しは二段横いっぱいに

〈死者1600人超す

不明なお1000人余〉

その下に

〈阪神大震災火災やまず〉の大見出し。

写真も、夜になっても燃え続ける神戸市街長田区付近。この火災のもとで救援を待つ人がいるのでは……。そう思うだけでも胸が痛む。

朝刊は終わった。しかし阪神大震災の被害はさらに拡大していった。紙面も長期態勢でこれに臨んでいく。

新聞使命の重大さを痛感

大阪本社は被害現場を抱えるだけに東京の比ではない。紙面動員は当然だが人の面でも厳しい。被災社員もいる。東京編集局の取材部門からの応援はすぐ行われたが、文太は編集制作総センターからも応援者を出した。

センター所属のほとんどは外勤の経験がある。そこへ紙面編集の内勤経験が加わり、記者としても幅が広がっている。応援者がすぐ〝戦力〟になったのはいうまでもない。二名ずつ一週間交代で派遣し、三月ごろまで続いた。

文太はセンターの室長になった時に提案した。支局など地方機関から東京本社勤務になる者はまず整理の経験をすること、大阪、西部、中部など西三社から東京本社編集局に移る者も、整理の経験をさせるというものである。すでに整理の経験があるとか、特別の場合を除いて、すぐ取材部門への転勤はないことにした。文太が室長在職中はほぼこの方針が貫かれた。

地震発生から数日後、文太は編集主筆、東京本社社会部長、地方部長とともに神戸を中心とした災害現場を訪れた。その惨禍を目のあたりにして新聞使命の重大さを痛感した。この惨状を日本国中と世界に報道し、一日も早い被災者の立ち直り、被災地の復興を願う。少しでもそれに役立つ新聞づくりに当たらなければ……。文太の心に強く響いた。

阪神大震災の被害は、一九九七年末、消防庁のまとめによると次のようになっている。死者六、四三〇人（その後六、四三三人）、負傷四万三、七七三人、家屋倒壊一〇万四、九〇〇棟、半壊一四万四、二五六棟、一部倒壊二六万三、六九〇棟。

気象庁は二〇〇一年四月、阪神大震災のマグニチュード7・2を7・3に修正（計算式改良にもとづく見直し）。

あとがき

一口に二〇世紀と言っても、今日までの歳月が生んだニュースは数えきれない。その中から取り上げた一二件。ものによっては、もっとビッグなニュースがいっぱいある。しかし、しぼりにしぼった。この書はニュースの解説とか紹介だけを目的としたものではない。そこに働く整理記者の対応を浮き彫りにしたかった。そのためドラマ性のあるものを求めた。取材不能であきらめざるを得ないものもあった。当事者が故人となり裏付けをとれなかったからである。

ニュースを取り上げて感じたことがある。事件、事故の教訓が生かされていないことである。たとえば飛行機事故だ。一九六六年（昭和四一年）二月から三月にかけての一カ月間に三件の旅客機惨事が羽田（二件）と富士山上空であった。そののちも飛行機事故による犠牲者が相次いだ。そして日航機の御巣鷹山墜落である。「忘れたころに凶事はやってくる」。肝に銘じたい。政治家の汚職も後を絶たない。ロッキード事件のあと、あれほど政界浄化が叫ばれながら、相変わらず汚れた政治家が明るみに出ている。事件、事故を風化させてはならない。しみじみ思い返したのである。

それともう一つ大切なことがある。私を含め整理記者のニュースに対する姿勢である。編集最終関門の職場にふさわしい仕事をなし得たか、私自身のことで言えば内心忸怩《じくじ》たるものがある。

価値判断の誤りだけではない。功をあせるあまり配慮に欠けた紙面をつくったこともある。それが及ぼす関係者への影響ははかりしれない。「おわび」や「訂正」ですむものではない。まさに満身創痍《そうい》、自戒の念を強くした。整理記者駆け出しのころ先輩に教えられた言葉がある。「渦中の人になるな、眼光紙背に徹せよ」である。心におごることなく、クールな目でニュースに接することと私は解した。あらためてかみしめたい。

この本は、毎日同人の国保仁、岩崎鴻一両氏にいろいろご協力を願った。また取材面で、資料面で、あるいは知人紹介の面で、先輩・同輩・後輩のみなさんからご教示をいただいた。心から御礼を申し上げたい。両氏以外の方々を次に掲げたい（五〇音順、敬称略）。

井形信好、池田龍夫、井上兼慈、有働達、大下健一、大西仁（故人）、影山信輝、木村栄作、佐田壮（故人）、清水幾男、清水一郎、菅原亮、鈴木茂雄、田中忠夫、中西浩、西川雅敏、根本千秋、平野明、藤田義海、牧内節男、松上文彦、三浦碩哉、三島誠、光田烈、矢野久義、山崎光平、山城新一（故人）、山埜井乙彦、湯原房次、渡瀬伸。

二〇〇一年五月

高杉治男

【著者略歴】
高杉治男(たかすぎ・はるお)
1926年静岡県御殿場市生まれ。47年毎日新聞社入社。浜松支局、静岡支局を経て53年東京本社編集局へ。23年間整理記者(大阪本社２年半、西部本社２年を含む)。ここで副部長、統合版編集長をつとめる。その後、出版局に移り、図書第３(ノンフィクション部門)編集部長。定年を繰り上げ女子栄養大学出版部長(講師、月刊誌『栄養と料理』編集長を兼務)。
現在、毎日新聞社終身名誉職員。株式会社ＴＡＫＡプロダクション代表取締役。著書に『正しい食事でスリムになった』(毎日新聞社)、『ひと山ふた山ペンの道』(ＴＡＫＡプロダクション)などがある。

赤《あか》筆《ふで》記《き》者《しゃ》走《はし》る
新聞《しんぶん》の裏舞台《うらぶたい》から見《み》た戦後史《せんごし》

二〇〇一年五月三〇日第一刷発行
二〇〇一年一一月一〇日第二刷発行

著　者　高杉治男
発行者　藤田美砂子
発行所　時空出版
〒112-0002　東京都文京区小石川四-一八-三
電話　東京〇三(三八一二)五三一三
印刷所　アスタス
ISBN4-88267-033-X
© Haruo Takasugi 2001
Printed in Japan
落丁、乱丁本はお取替え致します。